KB212321

검사의 대화법

검사의 대화법

마음을 듣고 ──────

────── 사람을 얻는

양중진 지음

미래의창

들어가며

"네 이노오오옴! 네 죄를 네가 알렸다?"

"사또오오오! 죽여어주시옵소서!"

"무어라? 저런 방자한 놈 같으니! 여봐라아~ 저놈을 매우
  쳐랏!"

사극에 종종 등장하는 수사나 재판 장면은 이렇습니다. 옛날
에는 어떻게 해서든 자백을 받아내야 한다는 생각으로 수단과 방법
을 가리지 않았죠. 만일 오늘날에 이런 일이 벌어진다면 어떻게 될
까요? 아마 죄인이 아닌 사또가 징역을 살아야 할 것입니다. 솔직히
과거라고 해서 정말 이런 식의 수사와 재판이 이루어졌는지는 잘
모르겠습니다. 극의 재미를 더하기 위해 작가가 좀 과장한 측면도
있을 겁니다.

그런데 이 장면에서 사또와 죄인 사이에 과연 대화가 있기는

한 걸까요? 대화를 단순히 사람과 사람이 말을 주고받는 것이라 본다면 대화가 있다고 봐도 무방할 것입니다. 하지만 제 생각은 조금 다릅니다.

그렇다면 대화는 무엇이고, 어떻게 해야 하는 걸까요? 이에 대해 오래전부터 많은 사람들이 꾸준히 관심을 가져왔고, 그 관심에 응한 또 다른 많은 사람들이 각자의 답을 내놓았습니다.

"두 사람 사이에 말밖에 없는 사건인데 누구의 말이 맞는지 어떻게 아나요?"

20년이 넘게 검사 생활을 하는 동안 가장 많이 받은 질문 중 하나입니다. 처음에는 뭐라고 대답을 해야 할지 저도 잘 몰랐습니다. 우물쭈물하면서 다른 증거를 찾아봐야 한다는 둥 대질 조사를 해야 한다는 둥 두루뭉술한 답을 꺼내놓고는 했죠. 그런데 언제부턴가 저절로 이런 답을 하게 되었습니다.

"조사해보면 다 나옵니다."

실제로 조사 과정에서 상대를 잘 관찰하다 보면 미세하게 눈빛이 흔들리고, 허공을 멍하니 쳐다보고, 콧구멍을 벌름거리고, 괜스레 헛기침을 하고, 말의 뉘앙스가 변하는 등 여러 가지 변화를 느끼

검사의 대화법

게 됩니다. 때때로 말로는 설명하기 어려운 미묘한 일들이 벌어지기도 하죠.

　많은 분들이 검사라는 직업에 대해 좋은 평가를 해주십니다. 개인적으로는 어려운 시험에 합격하기까지의 노력을 인정해주시는 것이리라 생각합니다. 그 때문인지 '검사로서의 일을 해나가려면 어떤 특별한 노하우가 있지 않을까'라는 기대감을 가진 분들이 더러 계신 듯도 합니다. 이 책이 그런 기대에 약간의 답이 되었으면 하는 바람입니다.

　이 책에는 검사가 되기 전부터 지금까지 제가 만났던 사람들의 이야기가 담겨 있습니다. 길게는 40년 가까이 된 기억도 있고 짧게는 몇 년 전의 기억도 있습니다. 평소에 메모를 하거나 일기를 쓰는 일에 게으른 탓에 모두 제 기억 속에만 깊이 각인된 이야기들입니다. 기억 속에 각인되었다는 것은 그만큼 제게 인상 깊은 일이었다는 뜻입니다. '대화법'이라는 주제 안에서 그 이야기들을 풀어보려고 했습니다.

　요즘은 대화의 많은 부분을 SNS에 의지합니다. 오프라인에서 나누지 못하는 이야기를 온라인에서는 쉽게 하기도 합니다. 아무래도 상대와 직접 대면하지 않아도 되니 보다 편안하게 자신의 속내를 꺼내놓을 수 있어서겠죠. 심지어 친구들끼리 모여 앉은 자리에서도 말 대신 SNS로 대화하는 경우도 있다고 합니다. 그래서인지 직접적인 접촉이 이뤄지는 상황에서 대화를 하는 것에 어려움을 느끼는 사람들이 부쩍 늘어난 것 같습니다. 중요한 이야기를 하러 가서 실없는 소리만 주고받다 헤어지기도 하고, 어색해서 제대로 눈도 마주치지 못하다가 급히 일어나기도 합니다. 이 책이 그런 분들에게 조금이나마 도움이 되었으면 좋겠습니다.

더불어 직장 생활을 하는 데 필요한 팁도 조금 담아봤습니다. 처음 직장에 들어가면 모든 게 생소해서 무엇부터 해야 할지 망설이게 됩니다. 첫걸음이 어려운 것은 검사라고 해서 크게 다르지 않습니다. 이 책에서는 검사들이 수사하는 방식을 엿볼 수 있습니다. 그런데 읽다 보면 이런 생각도 들 겁니다. '뭐야, 특별한 게 없잖아. 평범한 직장인이랑 다를 게 없는데?' 그렇습니다. 검사도 직장인이고, 직업인입니다. 아마 이 책을 통해 검찰청이라는 직장에서 직업인으로서의 검사가 어떻게 업무를 해나가는지 조금은 이해하실 수 있을 것입니다.

제법 제 몫을 해내는 검사로 성장하기까지는 적어도 3년이 걸린다고 합니다. 다른 직장도 마찬가지일 겁니다. 사람은 망각의 동물이라 그런지 온갖 어려움을 이겨내고 선배가 되면 후배로서의 어려움을 잊어버리기 쉽습니다. 모두들 자기 입장에서만 생각하기 때문이죠. 후배로서, 선배로서 직장 생활을 하는 데 필요한 노하우를 공유하고 싶었습니다. 책의 제목 중 하나로 '슬기로운 검사(직장) 생활'을 떠올리기도 했던 이유입니다.

검사의 대화법

제가 이 책을 쓰게 된 것은 온전히 도서출판 미래의창 김윤하 편집자님 덕분입니다. 편집자님의 권유가 없었다면 이 책은 이 세상에 존재하지 않았을 것입니다. 생각지도 못한 주제의 글을 제안해주시고, 격려해주시고, 마무리까지 해주셨습니다. 깊이 감사드립니다.

마지막으로 항상 존경하고 사랑하는 부모님과 아내, 아이들에게 사랑과 감사의 말씀을 전합니다.

"사랑합니다."

2020년 여름,
길고 긴 장마의 끝자락에서
양중진

1

관계 맺기의 시작

대화는 마음을 헤아리는 일

지방에서 평검사로 근무하던 시절의 일이다. 어느 날 학교 폭력 사건 하나를 배당받았다. 학교 폭력은 학교 폭력인데, 내용이 좀 이상했다. 보통 학교 폭력이라고 하면 속칭 '일진' 학생이 다른 학생에게 폭력을 행사하거나, 돈을 빼앗거나, 소위 '빵셔틀'을 시킨 사건 등을 생각하기 마련이다. 그런데 내게 배당된 사건은 학생이 학생을 폭행한 사건이 아니라 선생님이 학생을 체벌한 사건이었다. 그것도 피해자가 남학생이 아닌 여학생이라 더 특이했다. 당시만 해도 선생님의 체벌에 대해 고소를 하는 경우는 매우 드물었다. 그럼에도 고소가 진행되었고, 경찰의 조사 과정에서도 합의가 되지 않은 채 검찰로 송치된 것이 이상했다.

사건의 전말은 이랬다. 교칙을 어긴 여러 명의 학생들이 함께 체벌을 받게 되었다. 선생님은 둥근 나무 막대기 같은 것으로 학생들의 엉덩이를 몇 대씩 때렸다. 그러던 중 한 학생이 너무 아팠는지

엉덩이에 손을 갖다 댄 모양이었다. 일이 커지려고 그랬는지 공교롭게도 나무 막대기가 학생의 손목을 때려 손목에 금이 가고 말았다. 지금은 학생들에 대한 체벌이 전면적으로 금지되어 있지만, 그때는 학칙에 정해진 일정한 조건 아래에서는 체벌이 허용되던 시절이었다. 예를 들면, 도구는 나무 재질의 지름 1.5센티미터 이하에 길이 30센티미터 이하여야 하고, 둥글고 표면이 매끄러워야 했다. 체벌을 하는 부위도 살이 많은 부위로 제한되고, 횟수도 10회 이하로 정해져 있었다. 이런 조건을 따르면서 오로지 교육을 목적으로 한 체벌은 가능했다. 그런데 이 사건에서 체벌을 가한 선생님은 다른 조건은 모두 지켰지만 체벌에 사용한 도구의 길이가 30센티미터를 조금 넘어 규정을 위반한 상황이었다. 아이가 다친 것에 화가 난 학부모는 선생님을 상해죄로 고소했다. 사건을 수사한 경찰은 선생님을 기소해야 한다는 의견을 달아 검찰로 사건을 보냈다.

난감했다. 사건을 처리하는 데는 아무런 문제가 없었다. 선생님이 규정을 위반한 것이 명백했고 그것은 본인도 인정하고 있는 사실이었다. 선생님이 의도한 것은 아니지만 어쨌든 손목에 금이 갈 정도로 중대한 결과가 발생한 것도 사실이었다. 하지만 그대로 기소해버리면 학부모와 선생님은 영원히 원수처럼 지낼 게 뻔했다. 거기에 학교와의 관계가 악화된 학생이 제대로 학교를 다닐 수 있을 리도 만무했다. 원만히 해결되지 않으면 모두가 피해자로 남을 가능성이 높았다. 학부모가 고소하기 전에 잘 해결되었을 만한 사건인데, 왜 여기까지 왔는지 이해가 되지 않았다. 무슨 말 못할 사정이라도 있는 걸까?

선생님의 상황도 딱했다. 기소가 되어 유죄가 확정되면 징계를 받아 교직을 잃을 수도 있었기 때문이다. 선생님께 체벌을 받는 것 정도는 일상이었던 학창 시절을 보낸 개인적인 경험 탓인지 '학생의 어머니가 좀 유별난 분인 건 아닐까?'라는 생각도 들었다. 고민을 하다가 일단 선생님과 학생의 어머니에게 검찰청으로 나오시라고 연락을 드렸다. 그러곤 차례로 이야기를 들어보았다.

먼저 학생의 어머니부터 만나봤다. 지극히 평범한 어머니였다. 전혀 유별나지도 않았고 경제적으로 특별히 낫거나 못하지도 않은, 아주 평범한 가정에서 평범한 아이들을 기르는 어머니였다. 그분의 이야기는 이랬다.

"크게 잘못한 일도 아닌데 선생님께서 체벌까지 해야 했을까요? 게다가 체벌 중에 문제가 발생했으면 학교가 나서서 사과하고 뒤처리를 잘해줘야 하는데, 학교 측의 대처가 너무 소극적이었어요."

일리가 있는 말이었다. 이어서 선생님과 이야기를 나눴다. 선생님도 나름대로 사정이 있었다.

"여러 차례 주의를 주었지만 학생들이 듣지 않아 최후의 수단으로 체벌을 한 것입니다. 저와 학교가 치료비를 대주겠다고 학부모에게 말했는데도 막무가내로 사과를 받아들이지 않아 저도 난감합니다."

양측의 이야기를 모두 들어본 뒤 한참을 고민하다가 어머니와 선생님을 한자리에 앉혀놓고 원만한 합의가 학생과 학교, 그리고 선생님을 위한 최선의 선택이라고 설득했다. 하지만 어머니는 완강했다.

"제가 합의할 것 같았으면 고소를 하지도 않았고, 여기까지 오지도 않았을 겁니다. 다른 건 필요 없어요. 피고소인을 처벌해주기만 바랄 뿐입니다."

결과가 뻔히 보이는 상황이었는데도 어머니는 끝까지 처벌해달라고 요구했다. 어떻게 하면 좋을지 또 한참을 고민한 끝에 기록을 처음부터 다시 자세히 살펴보기 시작했다. 그러다가 고소장에 적힌 날짜가 좀 이상하다는 사실을 발견했다. 사건이 일어난 날로부터 한 달여가 지난 후에야 고소가 된 것이었다. 별일 아니라는 듯무심한 말투로 어머니에게 물어보았다.

검사의 대화법

"기록을 보니까 사건이 일어나고 한 달 후에야 고소를 하셨네요. 그동안 어머니께서 마음고생이 심하셨겠어요."

그러자 갑자기 어머니의 눈시울이 붉어지더니 급기야는 눈물을 뚝뚝 흘리며 울기 시작했다. 깜짝 놀랐다. '내가 뭘 잘못했나? 혹시 내가 말실수를 한 건가?'라는 생각과 함께 머릿속이 혼란스러워졌다. 잠시 후 어머니가 감정을 추스르고 말했다.

"검사님! 고소를 취하하겠습니다."
"네? 갑자기 왜 그러세요?"
"저도 우리 아이가 잘못한 것을 잘 압니다. 오죽했으면 선생님께서 체벌까지 하셨겠어요. 그렇지만 안 그래도 아이가 다쳐서 속상한데, 학교 측에서는 치료비를 주겠으니 합의하자는 말부터 하더라고요. 잘했고 잘못했고를 따지기 전에 자식이 다친 부모의 마음을 먼저 헤아려주어야 하는 것 아닌가요? 학교가 너무 야속하더군요. 그런데 검사님께서 마음고생 심했겠다는 말씀을 해주시니 서러움이 북받쳤어요. 드디어 내 마음을 알아주는 사람을 만난 것 같았습니다. 아무 조건 없이 고소를 취하하겠습니다."

어머니의 말을 듣고 나자 모든 상황이 이해되었다. 그동안 학교와 선생님이 본질을 놓치고 있었던 것이다. 어머니는 학교 측에서 치료비 이야기를 하는 대신 다친 아이 걱정을 먼저 해주기를 바랐다. 물론 아이를 사랑하는 어머니의 마음이 근본에 깔려 있어 그랬을 것이다. 그런데 학교 측에서는 학칙에 따라 체벌한 것이라고 생각하고 치료비 이야기를 먼저 꺼낸 것이다. 그것이 화근이 되어 감정싸움으로 번져 결국 검찰청까지 오게 된 것이었다.

고소 사건에서 생각보다 훨씬 더 많은 부분을 차지하는 것이 감정적인 다툼이다. 아니 십중팔구는 재산적인 손해나 신체적인 상해보다 감정적인 대립이 훨씬 더 중요한 부분을 차지한다. 서로 싸워봐야 아무런 이익이 될 게 없다는 사실을 고소인도 피고소인도 잘 알고 있는 경우가 많다. 그럼에도 그놈의 자존심 때문에 양보를 하지 않는다. 한쪽에서 폭행으로 고소를 하면 다른 한쪽에서는 쌍방 폭행이라고 맞고소하는 경우가 대표적이다. 수사를 진행한 결과 쌍방 폭행으로 밝혀지더라도 자존심 싸움은 계속된다. 합의만 하면 양쪽 다 처벌을 받지 않으니 합의를 하라고 아무리 설득해도 듣지 않는 경우가 많다. 내가 처벌받아도 좋으니 상대방을 꼭 처벌해달라는 것이다.

아들이 축구 선수인 선배가 있었다. 선배는 종종 아이를 응원하러 경기장에 가곤 했다. 어느 날 경기장에서 재미있는 사실을 하나 발견했다며 이야기해주었다.

검사의 대화법

"가정 사정에 따라 아버지가 따라오기도 하고, 어머니가 따라오기도 하는데 누가 따라오느냐에 따라 축구장 분위기가 완전히 달라져. 아버지들은 자기 아들의 포지션뿐만 아니라 게임 전체가 어떻게 진행되는지, 감독의 전술을 선수들이 어떻게 소화하고 있는지를 보지. 그런데 어머니들은 좀 다르더라고. 게임에는 그다지 관심이 없어. 오로지 자기 아들이 뭘 하고 있는지만 보더라고. 공이 있는 상황이건 없는 상황이건, 출전을 했건 벤치에 앉아 있건 아무런 상관이 없어. 어머니들의 눈은 항상 아이를 향해 있어."

선배의 이야기는 어머니들이 편협하거나 이기적이라는 말이 아니었다. 자식을 향한 어머니의 사랑이 아버지와는 차원이 다르다는 것이었다.

사례로 든 사건은 대화의 첫 단추를 잘못 끼운 경우였다. 학교 측에서 학생의 부상과 그에 따르는 후유증을 먼저 언급했더라면, 진심 어린 사과부터 건넸더라면, 치료비는 나중에 처리할 부차적인 문제로 두었다면 고소로까지 번지는 일은 없었을지도 모른다. 그런데 학교 측에서 지나치게 자기방어적으로 사건을 대하다 보니 감정적인 다툼으로 번진 것이다. 객관적인 시선으로만 일을 수습하려고 하다 보니 어머니의 마음을 헤아리지 못했던 것이다.

미국에서는 교통사고가 나면 절대 먼저 미안하다는 말을 하지 않는다고 한다. 만일 법적 다툼으로 번지면 그것이 부메랑이 되어 스스로 잘못을 인정한 것으로 해석될 여지가 있기 때문이라는 것이다. 사실인지는 잘 모르겠지만, 미국은 미국이고 대한민국은 대한민국이다. 잘잘못을 따지기 전에 혹시라도 상대방이 다치진 않았는지를 먼저 살펴보는 말 한마디가 때로는 보험 회사보다 더 듬직할 수 있다. 상대방의 마음을 달래기 위한 진심 어린 말 한마디가 분쟁을 사전에 막는, 원만하게 해결하는 가장 좋은 방법이 될 수도 있는 것이다.

또 핵심을 벗어난 대화를 하다 보면 종종 감정싸움으로 흐르게 된다. 서로 상대방에 대해 믿을 수 없는 사람이라거나 자격이 없는 사람이라고 생각하게 된다. 한 발짝 떨어져서 상대방의 마음을 헤아려보는 작업이 반드시 필요한 이유다. 선생님이나 학교가 교육의 측면에서가 아닌 부모의 입장에서 '내 아이가 다쳤다면 어떻게 했을까'를 생각해보았다면 수사기관에 들락거릴 일도, 쓸데없이 감정이 상할 일도 없었을 것이다. 대화는 상대방의 마음을 헤아리는 일에서 시작되어야 한다.

핵심을 벗어난 대화를 하다 보면
종종 감정싸움으로 흐르게 된다.
서로 상대방에 대해 믿을 수 없는 사람이라거나
자격이 없는 사람이라고 생각하게 된다.
한 발짝 떨어져서 상대방의 마음을 헤아려보는
작업이 반드시 필요한 이유다.

마음의 일치가 곧 소통이다

사람은 사회적 동물이라고 했던가? 아이가 초등학교에 들어가더니 요구 사항이 많아졌다. 여러 친구들과 사귀게 되어 교류의 폭이 넓어지니 부러운 것도, 갖고 싶은 것도 많아진 것 같았다. 어느 날 친구가 학교에 가져온 장난감을 보고 무척이나 부러웠나 보다. 같은 장난감을 사달라고 엄마에게 여러 날을 졸라댔다. 되도록 아이 편을 드는 엄마도 이번에는 무작정 아이의 요구를 들어줄 수만은 없다고 생각했다. 얻는 게 있으면 잃는 것도 있다는 인생의 법칙을 알려줄 필요도 있었다.

부모는 어렸을 때부터 아이가 엄마와 아빠를 포함한 어른들에게 함부로 반말을 하는 게 마음에 걸렸다. 언젠가는 바로잡아줘야겠다고 생각하던 참이었다. 그래서 이 일을 기회로 삼기로 마음먹었다.

"그래. 그 장난감 사줄 테니 대신 너도 아빠와 한 가지 약속을 해."

"우와, 진짜?"

"약속을 지켜야 사주는 거야. 약속할 수 있어?"

"응, 알았어. 약속할게."

아이는 장난감을 사준다는 말에 마음이 들떠서 '약속'이라는 조건에는 아무런 관심을 보이지 않았다. 몇 번이나 '약속을 지키면'이라고 강조했지만 그냥 건성으로 대답할 뿐이었다.

"앞으로 일주일 동안 엄마 아빠한테 존댓말을 하면 울트라 액션 뿅뿅 로봇을 사줄게. 대신 약속을 지키지 않으면 사주지 않는 거다. 안 사줬다고 떼를 쓰면 안 되는 거야. 지금부터 시작이야. 알았지?"

"알았다니까."

아빠가 눈을 흘기자, 아이가 모기만 한 목소리로 '요' 자를 붙였다. 약속을 하기는 했지만 그것을 지키는 일은 쉽지 않았다. 아이는 일주일 동안 몇 번의 말실수를 했고, 그때마다 황급히 자신의 실수를 수습해야 했다.

"아빠, 회사 갔다 왔어……요?"

"아빠, 밥 먹어……요."

　　아이는 실수를 깨달을 때마다 순간적으로 말끝에 '요' 자 하나를 겨우 붙이는 식으로 위기를 모면했다. 하지만 이런 형식적인 존댓말도 아빠에게만 해당되었다. 엄마에게는 도무지 존댓말이 나오지 않는 모양이었다. 몇 번이나 주의를 줬는데도 어려서부터 몸에 익은 버릇 탓인지 존댓말 하는 것을 어려워했다. 약속한 일주일이 지났다. 아이와 함께 마트에 갔는데, 아이가 장난감 코너에서 멈춰 선 채 발을 떼지 않았다. 약속을 지키지 않았기 때문에 울트라 액션 뿡뿡 로봇을 사줄 수 없다고 아무리 설명해도 막무가내였다.

"아빠가 일주일 후에 울트라 액션 뿡뿡 로봇 사준다고 했잖아.
　그러니까 빨리 사줘……요."
"네가 일주일 동안 존댓말 하겠다는 약속을 제대로 지키지 않았
　잖아."

　　결국 아빠는 최후의 통첩을 전달했다.

"이렇게 막무가내로 굴면 집에 가서 회초리 맞을 거야!"

　　하지만 아무런 소용이 없었다. 집으로 돌아오는 내내 아이는

아빠가 약속을 지키지 않았다고 투덜댔다. 집으로 돌아온 아빠는 아무 말도 하지 않은 채 회초리를 챙긴 다음 아이를 조용한 방으로 데리고 들어갔다. 그제야 아이가 겁을 먹은 듯 쭈뼛거리며 따라왔다.

"약속을 지키지 않은 데다 떼까지 썼으니 회초리를 맞아야 해. 종아리 걷어!"

아빠가 준엄하게 꾸짖었다. 그러자 아이가 종아리를 걷으며 갑자기 크게 울기 시작했다. 뭐가 그리 서러운지 '꺼이꺼이' 소리를 내느라 숨도 제대로 쉬지 못했다. 아무래도 아이를 회초리로 때리기는 쉽지 않을 것 같았다. 마음이 약해진 아빠는 고전적인 방식을 써보기로 결심했다.

"네 잘못도 크지만, 너를 잘 가르치지 못한 아빠의 잘못이 더 큰 것 같다. 네 대신 아빠가 맞을 테니 아빠를 때려."

아이에게 회초리를 건네고 손바닥을 내밀었다. '이 정도 했으면 좀 망설이면서 잘못했다고 빌겠지'라는 생각이었다. 그런데 아이는 조금의 주저함도 없이 아빠에게서 회초리를 빼앗듯 건네받아 아빠의 손바닥을 내려치기 시작했다. 그것도 있는 힘을 다해서. 손바닥이 찢어질 듯 아팠지만 아프다고 할 수도 없는 노릇이었다. 그런데 문제는 그다음이었다. 한 대를 맞고 손을 빼려는데, 그럴 틈조차 없었다. 아이가 세 대를 연이어 때렸기 때문이다. 아빠는 어이가 없었다. '이게 뭐지? 평소에 나한테 불만이 있었나?'라는 생각마저 들었다. 그래도 아이의 교육을 위해서 참았다. '이제 저도 제 잘못을 뉘우쳤겠지? 역시 나의 교육 방식은 틀리지 않았어.' 곧이어 아이의 교육을 위해서라면 이 정도 아픔이야 아무렇지도 않다는 듯한 표정을 지으며 아빠가 아이에게 다시 준엄하게 물었다.

"이제 뭘 잘못했는지 알겠지?"

그런데, 아이가 고개를 가로젓는 것이 아닌가! 순간 아빠는 망설여졌다. 이번에는 정말로 아이에게 회초리를 대야 하나도 고민했지만, 그건 좀 비겁한 것 같았다. 다시 자신이 맞기로 굳은 결심을 했다.

"안 되겠다. 아빠를 한 대만 더 때려라."

이번에는 다행히 아이가 아빠의 말을 제대로 이해한 것 같았다. 딱 한 대만 더 때린 것이다. '한 대만 더 때려라'라고 정확히 말한 게 아주 잘한 일인 듯했다. 아빠는 아이에게 아직도 뭘 잘못했는지 모르겠느냐고 재차 물었다. 하지만 아이는 여전히 고개를 가로저었다. '아이고, 이게 뭐야! 한 대 더 때리라고 할까? 안 돼, 참아야지. 또 때리라고 해도 때릴 거고 이번에도 모른다고 할 거야.' 결국 아빠는 아이에게 무엇을 잘못했는지 자세하게 설명해주어야만 했다. 일주일 전에 무슨 약속을 했고, 약속을 지키지 않으면 어떻게 된다고 이야기했고, 그랬는데도 마트에 가서 떼를 썼다고.

'네 죄를 네가 알렸다!' 사극을 보다 보면 사또 나리가 자주 애용하는 말이다. 이렇게 말하면 사람들이 '네, 네, 그러믄입쇼. 잘 알다마다요. 그저 죽여줍쇼!'라고 말할까? 유죄 확정 판결을 받아 교도소에 있는 사람들을 대상으로 '당신이 정말 죄를 지었다고 생각하는가?'라고 물어보았다.

사실 그 사람들은 경찰, 검찰 같은 수사기관과 법원의 재판 과정을 거치면서 자신이 무엇을 잘못했는지에 대해 수없이 들었을 것이다. 먼저 피해자로부터 '당신이 나한테 사기를 쳐서 피 같은 내돈 5,000만 원을 가져가지 않았냐 내 돈 빨리 갚아라'라는 말을 귀에 못이 박히도록 듣는다. 경찰이나 검찰에서 조사를 받는 중에도 '당신이 피해자에게 한 달 만에 두 배로 불려주겠다며 5,000만 원을 받아가서 돌려주지 못한 것 아니냐'고 여러 번 듣는다. 법원에서 판결을 선고받을 때도 '당신이 무슨 말을 했고 그 말이 왜 잘못인지, 당신이 한 변명 중 믿을 수 없는 부분과 그 이유는 무엇인지, 그래서 당신에게 선고하는 형량이 얼마인지' 등등 자신의 잘못을 상세하게 듣는다. 그런데 놀랍게도 교도소에 가보면 억울하게 잡혀온 사람투성이다. 교도소 수감자 중 60%가량이 자신은 억울하게 수감되어 있다고 생각한다는 통계도 있다. 왜 그럴까?

사람은 누구나 자신이 듣고 싶은 대로 듣는다. 바꿔 말하자면 상대방은 내가 말한 대로, 의도한 대로 듣지 않는다. 자신의 입장에서 듣고 싶은 대로 듣고, 이해하고 싶은 대로 이해하는 게 보통이다. 듣는 방식뿐만 아니라 '듣는 크기'도 마찬가지다. 자신이 관심을 갖고 있는 부분은 크게 듣지만, 그렇지 않은 부분은 작게 듣는다. 흘려서 듣는 것이다. 그렇기 때문에 똑같은 상황에서 똑같은 말을 듣고도 그것을 복기해보면 각자 이해한 내용이 전혀 다른 경우가 종종 있다. 특히 무엇인가를 추궁당하는 상황에서는 더 그렇다. 누구든 자신의 잘못에 대해서는 작게, 남의 잘못에 대해서는 크게 생각한다. 상황을 100% 객관적으로 보고 이야기하는 사람은 이 세상에 아무도 없다. 자신의 일뿐만 아니라 남의 일에 대해서도 마찬가지다.

아이는 아빠와의 약속을 지켰다고 생각했다. 어쨌든 늦게나마 '요'자라도 붙였으니 존댓말을 했다고 생각한 것이다. 엄마에게는 그마저도 붙이지 않았다는 것은 별로 기억에 남아 있지 않다. 애초에 아빠하고만 약속을 한 것인 데다가 엄마는 존댓말을 쓰지 않더라도 그것을 지적하지 않았기 때문이다. 따라서 아이의 입장에서는 아빠가 약속을 지키지 않은 셈이 된다. 그러면서 적반하장으로 벌을 주겠다니 억울하기 짝이 없다. 그러니 아빠의 손바닥을 있는 힘껏 때렸어도 억울함이 풀리지 않았던 것이다.

교도소에 수감된 사람도 이와 크게 다르지 않다. '내가 처음부터 돈을 떼어먹을 생각이었던 건 아니라고. 내 계획대로만 되었더라면 그깟 1억 원쯤은 나한테 아무것도 아니었을 텐데…… 시간만 좀 더 있었다면, 재수가 조금만 좋았다면 금방 갚았을 거야. 그런데 사기라니! 말도 안 되지'라고 생각하는 사람이 대부분이다.

지구상에는 몇 개의 언어가 있을까? UN의 공식 통계에 따르면 전 세계에 약 7,000개의 언어가 존재한다고 한다. 그중에서 사용자가 1,000명 미만으로 사라지고 있는 언어가 2,500여 개에 이른다고 한다. 하지만 필자의 생각은 조금 다르다. 이 세상에는 지구상에 살고 있는 사람 수만큼의 언어가 존재한다. 사람마다 시간, 장소 등 상황에 따라 단어를 사용하는 방법이 조금씩 다르기 때문이다. 같은 단어, 같은 문장을 쓰더라도 서로가 이해하는 내용이 조금씩 다를 수 있다는 뜻이다. 그래서 사람들 사이에 분쟁이 생기고, 나아가서는 관계 자체에 틈이 생기는 것이다. 수사와 재판은 그 분쟁의 언어들을 객관적 언어로 해석하는 작업이라고 볼 수 있다.

그래서 상대방과 무언가를 합의하거나 약속할 때에는 언어가 아닌 사실로 합의해놓아야 한다. '이 돈 나중에 꼭 갚을게'라는 것은 약속이 아니다. '나중'이 언제인지 구체적으로 정하지도 않았을

뿐만 아니라 '갚는다'는 말의 의미도 불분명하다. 원금만 의미하는지, 이자도 포함하는지, 아니면 5,000만 원만큼의 값어치가 나가는 다른 물건을 준다는 것인지 알 수 없다. '2020년 2월 1일 김개동으로부터 빌린 현금 5,000만 원을 2021년 1월 31일 18시까지 김개동의 △△은행 계좌 123-456-789로 입금한다'와 같이 정하는 게 가장 확실한 방법이다.

대화에서 발생하는 간극을 좁히는 또 하나의 방법은 약속이나 합의한 내용을 문서로 작성해놓는 것이다. 그것도 아주 꼼꼼하고 자세하게 작성하는 것이 좋다. 문서로 되어 있어도 구체적인 용어가 아닌 추상적인 용어로 작성하면 읽는 사람에 따라 해석이 다를 여지가 있기 때문이다.

단순히 대화를 많이 나눴다고, 시간을 많이 들였다고 소통한 것이라고 볼 수는 없다. 소통은 마음의 합치, 마음의 일치를 이루는 일이다. 그게 아니라도 최소한 내가 하는 말을, 상대방이 하는 말을 서로 이해할 정도는 되어야 한다. 그게 바로 소통이다.

검사의 대화법

단순히 대화를 많이 나눴다고,
시간을 많이 들였다고
소통한 것이라고 볼 수는 없다.
소통은 마음의 합치,
마음의 일치를 이루는 일이다.

먼저 공감하라

모처럼 일찍 퇴근길에 오른 남편이 식사를 마치고 아내와 함께 동네 산책이라도 해야겠다고 생각했다. 그런데 현관에 들어서니 집안 공기가 이상했다. 뭔가 찝찝한 기분이 들었다. 식사를 하는 도중에도 아내의 표정이 심상치 않았다. '내가 또 뭘 잘못했지?' 아침부터의 말과 행동을 머릿속에서 빠르게 되새겨보았다. '아침에 나갈 때 인사를 안 했나? 들어올 때 뭐 사오라고 했는데 혹시 깜박한 건가?' 그런데 뭘 잘못했는지 도저히 생각이 나지 않았다. '보기 싫은 사람은 눈앞에서 숨 쉬는 것만 봐도 밉다더니 혹시 내가 숨 쉬는 게 잘못이 아닐까?'라는 생각까지 들었다.

돌덩어리를 씹는 듯했지만 최대한 조심스럽게, 그러면서도 최대한 맛있다는 표정으로 우아하게 식사를 마쳤다. 아내의 기분을 풀어주기 위해 모처럼 설거지까지 쭈욱 내달렸다. '이 정도면 풀렸겠지?' 하고 안심한 채 소파에 앉아 TV를 켜려고 하는데, 마침내 아내가 말문을 열었다. 순간 머리털이 쭈뼛 섰다. 무슨 일인지 모르지만 정신을 바짝 차려야 한다. 올 것이 왔다는 생각과 함께 여기서 잘못 대처했다가는 앞으로 일주일, 아니 한 달간 살얼음판을 걷게 될지도 모른다는 위기감이 머리와 가슴을 동시에 덮쳤다. 아내가 말했다.

"오늘 좀 어이없는 일이 있었어."
"그랬어? 무슨 일인데?"

허리를 곧추세우면서 남편이 대답했다. 적극적인 관심을 드러내며, 당신의 이야기를 최대한 경청하겠다는 자세를 보여줘야 했다. 기다렸다는 듯 아내가 속사포처럼 오늘 있었던 일의 전말을 털어놓기 시작했다.

"오늘 큰애 학교에서 학부모 면담이 있었거든. 그래서 차를 운전하고 가는데, 갑자기 옆에 있던 차가 차선을 바꿔서 내 앞으로 쑤욱 들어오더라고. 깜짝 놀라서 브레이크를 밟았는데 그 차 뒤쪽 범퍼하고 내 차 앞쪽 범퍼가 부딪혔어. 근데 그 사람이 나한테 막 화를 내지 뭐야. 내가 왜 다짜고짜 화부터 내느냐고 그랬더니 깜빡이를 켰으면 비켜줘야지, 왜 안 비켜주느냐고 하더라고. 내가 참 어이가 없어서, 가만히 있었더니 자기 혼자 경찰서에 신고를 하고 난리를 치잖아!"

사람이 사회에 나와 직업을 갖게 되면 자연스럽게 대화하는 방법이 저마다 달라지기 마련이다. 일과 관련된 말투나 화법 같은 것들이 일상생활에서도 무의식적으로 튀어나온다. 물론 사고의 틀도 달라진다. 법조인을 예로 들어보자. 법조인이 아닌 사람들 눈에는 법조계 사람들이 모두 똑같아 보이겠지만, 변호사와 판사, 검사는 각기 다른 영역의 업무를 한다. 그렇다 보니 집으로 돌아와 아내와 대화를 할 때에도 자신도 모르게 직업의식이 드러나는 경우가 많다.

앞선 상황에서 남편의 직업이 판사라면 보통 어떻게 반응할까? 판사 남편은 우선 아내의 말을 끝까지 들어준다. 이런 경우 아내는 남편이 자신의 말을 잘 들어주고 있다는 점에 대체로 만족한다. '아, 이 남자가 이야기를 잘 들어주는 걸 보니 내 편을 들어주려나 보다'라고 생각하며 말이다. '우리 남편처럼 머리도 좋고, 공부도 잘하고, 성실한 사람이 역시 최고야. 우리 딸도 나중에 크면 판사와 결혼을 시켜야지'라고 생각할지도 모른다. 그렇게 참을성 있게 아내의 이야기를 끝까지 다 들어준 다음 남편이 말한다.

"무슨 말인지 잘 알겠어. 당신이 왜 억울해하는지 충분히 이해가 되네."

'역시 내 남편이야. 결혼은 내 편 하나를 더 만드는 것이라는데 그 말이 딱 맞지'라는 생각이 아내의 머릿속을 스쳐 지나가는 순간, 남편의 말이 이어진다.

"그런데 당신에게도 20~30% 정도는 잘못이 있는 것 같아. 상대방이 깜빡이를 켰으면 양보를 했어야지. 차와 차끼리 부딪힌 사고에서 100% 과실이 인정되는 경우는 거의 없어."

아내의 멘탈이 갑자기 천당에서 지옥으로 떨어지는 것 같다. '이게 뭐지? 이 남자 뭐라는 거야, 지금. 뭐? 나도 잘못을 했다고? 누가 너한테 그런 거 지적해달라고 했어? 우리 딸이 판사랑 사귄다고 하면 도시락을 싸가지고 다니면서 말려야지'라고 생각하는 게 당연할 것이다.

민사소송에서 판사는 원고(소송을 제기한 사람)와 피고(소송을 당한 사람)의 이야기를 주로 듣는다. 형사소송에서는 검사(기소를 한 사람)와 피고인(기소가 된 사람)의 이야기를 듣게 된다. 양쪽의 이야기를 듣고 제3자의 입장에서 공정하게 판단하는 게 판사의 일이다. 그렇다 보니 집에서도 자연스레 판단을 내리려고 한다. 첫째 아이와 둘째 아이가 싸워도, 심지어는 아내와 아이들이 말다툼을 할 때도 누가 잘못했는지 판단해주려 나선다. 아내의 입장에서는 실로 어처구니없는 일이 아닐 수 없다. 결혼은 내 편을 하나 더 만드는 일이고 설사 내가 잘못했어도 그렇지 않다고 우겨줄 사람이 필요한 건데, 감히 내가 얼마만큼 잘못했는지 판단 나부랭이나 하다니!

　그렇다면, 검사 남편은 어떻게 반응할까? 검사의 직업의식은 가정에서도 발휘된다. 아내의 말을 될 수 있는 한 끝까지 들어주는 점은 판사 남편과 같다. 하지만 판사와 검사 사이에는 다른 점이 있다. 판사는 공개된 법정에서 원고와 피고, 검사와 피고인뿐만 아니라 변호사와 방청객이 있는 가운데 재판을 한다. 되도록 제3자의 입장에 서서 공정하게 판단해야 하는 것이다. 따라서 원고와 피고, 검사와 피고인의 말과 행동에 개입하는 것을 최대한 자제하려고 한다.

　검사는 다르다. 조사 대상자로부터 말을 최대한 이끌어내어 섬세하게 들어야 한다. 상대가 신나서 이야기할 수 있게 만들어야 한다. 이런 직업의식은 아내의 교통사고 이야기를 들을 때도 유감없이 발휘된다. 중간중간에 '저런!', '그랬구나', '에이 그 사람 왜 바보같이 신고를 하지'와 같은 추임새를 적절히 더해준다. 여기까지는 검사 남편이 판사 남편보다 훨씬 나아 보인다. 검사의 아내는 '우리 남편이 내 말을 진짜로 잘 이해하는구나. 상대방이 잘못했다는 것을 충분히 알고 있어. 그렇다면 내게 잘못이 없다는 것도 충분히 이해하겠네. 좋았어!'라고 생각할 것이다. 그런데 검사 남편의 진짜 직업의식은 여기서부터 시작된다. 아내로부터 들은 이야기는 두서없는 대체적인 이야기에 불과하다. 구체적인 사건의 전말을 확인하는 것은 이제부터다.

"그때가 몇 시쯤이었지?"

"차선은 실선이었어, 점선이었어?"

"상대방 운전자는 사고 나기 얼마 전부터 깜빡이를 켜기 시작했는데?"

"당신과 앞차 사이의 거리는 어느 정도였지?"

"그런데 당신은 왜 바로 브레이크를 밟지 않은 거야?"

질문이 끝도 없이 이어진다. '뭐야, 나를 지금 조사하는 거야? 누가 당신한테 조사해달라고 그랬어? 마치 상대 운전자에게 전화해서 당장 우리 집으로 출두하라고 통보라도 할 것 같은 기세네! 당신이 직장에서나 검사지 집에서도 검사야?' 아내가 이렇게 생각할 게 분명하다. 겉으로는 잘 드러나지 않은 사실을 질문과 대답을 통해 끄집어내 사실을 확정하는 것이 검사의 일이다. 그렇다 보니 질문을 많이 하게 되고, 끝없이 사실관계를 확인한다.

마지막으로, 변호사 남편은 어떨까? 변호사도 기본적으로 듣는 직업이다 보니 아내의 말을 끝까지 잘 들어주는 점은 판사나 검사와 같다. 다만 듣는 방식이 조금 다르다. 변호사는 처음부터 끝까지 의뢰인 편을 들어야 하는 숙명을 가지고 있다. 그러니 추임새도 좀 더 적극적일 수밖에 없다.

"뭐야? 뭐 그런 놈이 다 있어?"
"그래서 다치진 않았어? 치료비가 많이 나왔겠는데?"
"우리 차는 얼마나 망가진 거지? 상대 운전자한테 렌터카 비용
   까지 청구해야겠어."
"그 사람 잘못이 100%야. 걱정하지 마. 내가 보험 회사와 이야
   기해서 잘 처리할 테니까."

이런 방식으로 추임새를 넣는다. 이런 격려의 말을 들으면 이야기를 하는 아내는 얼마나 속이 시원할까. '평소에 맨날 술이나 먹고 집에 늦게 들어오더니 이렇게 훌륭한 일을 하느라고 그렇구나. 내가 결혼 하나는 정말 잘했어! 참 믿음직한 남편이야'라고 생각하는 게 당연하다. 물론, 좋지 않은 부분도 있다. 예를 들어 일이 자기 마음대로 되지 않으면 다른 사람 탓으로 돌려버린다. 법원이나 보험 회사에서 아내의 잘못이 20%라고 인정하더라도 이를 잘 수긍하지 않는다. '아무것도 모르는 보험 회사가 자기네들 마음대로 과실 비율을 정한 거야'라고 여기거나, 심지어 '보험 회사와 상대 운전자가 잘 아는 사이인 거 아냐? 보험 회사에서 돈 먹고 상대방에게 유리하게 처리했을지도 모르지'라고 너무 멀리 나가기도 한다.

물론, 이 사례가 실제로 일어난 일은 아니다. 업무의 특성을 고려해 상상해본 것이다. 하지만 법조인들 사이에서는 농담처럼 제법 자주 회자되는 대화 방식이다. 그런데 이런 종류의 대화가 법조인의 가정에서만 오갈까? 그렇지는 않을 것이다. 어느 집에서나 벌어질 수 있는 평범한 상황이다. 이럴 때 아내와 어떻게 대화하는 것이 좋을까?

사실 사례에 등장하는 판사와 검사, 변호사는 같은 직업군의 사람들 중에서도 정의감이 넘치는 사람들이다. 퇴근하는 차 안에서도, 잠을 자는 동안에도 머릿속에 사건들이 늘 맴돈다. 어떻게 하면 제대로 된 판단을 할 수 있을지, 어떻게 하면 사건을 해결할 수 있을지, 어떻게 하면 승소할 수 있을지를 자나 깨나 고민한다. 그러니 아내와 대화를 나눌 때도 사건을 대하는 것처럼 접근한 것이다. 이런 태도는 법조인으로서의 경력이 짧은 이들에게서 많이 보인다.

나도 그랬다. 검사로 임용된 지 얼마 되지 않았을 때는 앉으나 서나 사건 생각뿐이었다. 운전을 하다가도, 밥을 먹다가도 수시로 사건을 떠올리며 몰두하곤 했다. 그런데 경력이 쌓이기 시작하면서 요령이 생겼다. 일은 일이고, 가정은 가정이라는 생각을 가지게 된 것이다. 가정의 발전과 평화를 위해서는 아내가 조금 잘못했더라도 아내의 입장에 먼저 공감해주는 게 낫다는 만고의 진리를 깨달았다. 아내의 입장을 충분히 지지해주고 공감하는 말 한두 마디를 더한다고 해서 양심에 털이 나진 않는다. 물론 쉬운 일은 절대 아니다.

그래도 눈을 딱 감고 노력해야 한다.

아내와의 대화뿐만이 아니다. 논쟁을 하거나 판단을 받기 위해 대화를 시작하는 사람은 없다. 내 입장이 이러이러하니 이해를 좀 해달라는 지점에서 대화가 시작된다. 검사실에서 펼쳐지는 고소인의 주장이나 피의자의 변명도 마찬가지다. 결국 자신의 말에 공감해주고 이해해달라는 말을 여러 가지 방식으로 검사에게 하고 있는 것이다. 검사는 객관적 진실을 추구하지만, 객관적 진실을 알고 있는 것은 아니다. 신이 아니기 때문이다. 그래서 누구의 주장에 공감이 가는지 마음을 기울여 듣게 된다. 공감이 되면 판단은 오히려 쉬운 법이다.

누군가와 좋은 관계를 유지하고 싶다면, 계약을 따내고 싶다면, 연애에 성공하고 싶다면 그 출발점은 상대방의 입장을 이해하고 공감하는 것이다. 일단은 공감하라. 사실을 정확히 파악하는 것이 먼저다. 판단하는 것은 그다음에 해도 늦지 않다.

일단은 공감하라.

사실을 정확히 파악하는 것이 먼저다.

판단하는 것은

그다음에 해도 늦지 않다.

귀는 반대로 설계되어 있다

사람의 입은 하나다. 코는 하나이면서도 둘이다. 모양으로서의 코는 하나지만 콧구멍은 두 개이기 때문이다. 눈과 귀는 둘이다. 이를 두고 어떤 사람들은 '많이 보고 많이 듣되, 말은 그 반만큼만 해라'라고 해석하기도 한다. 틀린 말은 아니다. 말이 많다 보면 쓸데없는 말을 하는 경우가 종종 생길 뿐 아니라 때로는 실수도 하기 마련이기 때문이다.

입은 한 개뿐이어서 기능적으로 한 번에 두 가지 소리를 낼 수가 없다. 물론 시차를 두고 두 가지 말을 하는 사람은 제법 많다. 자신이 방금 한 말도 쉽게 뒤집어버리는 사람들의 경우다. 그런 사람의 말은 쉽게 신뢰할 수 없을 뿐만 아니라 그 사람 자체도 믿기 힘들다. 코는 두 개의 구멍이 하나처럼 작동한다. 두 개의 구멍이 구분되어 서로 다른 냄새를 맡기는 어렵다. 따라서 콧구멍이 두 개라는 것이 기능적으로 별다른 의미를 갖고 있지는 않다. 눈은 어떨까?

검사의 대화법

왼쪽 눈과 오른쪽 눈이 조금 떨어져 있긴 하지만, 기능 면에서 각각 다른 곳을 보기란 불가능에 가깝다. 아주 드물게 양쪽 눈동자를 다른 방향으로 움직일 수 있는 사람도 있지만 해외 토픽이나 진기 명기에 나올 법한 독특한 사례다.

이에 반해 귀는 두 개인 데다 눈이나 코와는 달리 양쪽의 위치가 제법 멀다. 왼쪽 귀와 오른쪽 귀는 얼굴에서 서로 가장 멀리 떨어져 있어 아무리 만나려고 해도 만날 수가 없는 사이다. 게다가 완전히 다른 방향, 정반대 방향으로 향하도록 설계되어 있다. 그래서인지 술자리에서 술을 마시다가 뜬금없이 옆자리의 대화가 한쪽 귀로 들어와 꽂히기도 한다. 우리 테이블의 이야기를 들으면서 동시에 옆 테이블의 이야기도 들을 수 있는 것이다.

두 귀가 반대 방향으로 설계되어 있는 이유는 뭘까? 아마도 두 귀로 각각 다른 이야기를 들으라는 것이 아닐까? 즉, 한쪽의 이야기만 듣고 판단하지 말라는 의미인 것이다. 이는 특히 수사기관에서 금과옥조로 삼아야 할 말이다(물론, 법원도 마찬가지다). 좋은 검사, 좋은 판사가 되기 위해서는 귀를 잘 활용해야 한다. 나아가 올바른 판단을 하고 싶은 사람이라면 달콤한 입보다는 섬세한 귀를 가져야 한다.

초임 검사 시절의 일이다. 간단한 사기 사건이 하나 배당되었다. 사기꾼으로 지목된 사람이 어떤 건물에 갔는지, 가지 않았는지

두 귀가 반대 방향으로
설계되어 있는 이유는 뭘까?
아마도 두 귀로 각각 다른 이야기를
들으라는 것이 아닐까?
즉, 한쪽의 이야기만 듣고
판단하지 말라는 의미인 것이다.

가 쟁점인 사건이었다. 경찰의 수사 기록을 검토해보니 혐의가 있는 게 명백해 보였다. 우선 고소인의 진술이 명확했다. 게다가 확실하게 증언을 해주는 참고인도 있었다. 참고인은 바로 그 건물의 세입자였다. 고소인과 참고인, 두 사람 모두 사건이 일어난 일시에 피고소인이 그 건물에 왔다고 진술했다. 피고소인만 그곳에 간 사실을 강력히 부인하는 상황이었다. 사실 부인하는 것쯤이야 으레 있는 일이고 당연한 권리다. 피고소인이 부인하긴 했으나 아무런 관계가 없는 참고인의 진술까지 있으니 혐의가 있다는 쪽으로 무게가 실렸다. 그래도 혹시나 싶어서 직접 피고소인을 다시 조사해보기로 했다.

먼저 참고인인 세입자부터 조사했다. 피고소인과 세입자를 한꺼번에 소환해서 대질 조사를 하려다가 당사자들이 곤란해할 것을 고려해 따로 조사를 진행한 것이었다. 세입자는 60세가량의 여성이었는데, 진술 내용은 경찰 조사 때와 같았다.

"그날 제가 집에 있는데 누가 와서 문을 두드리더라고요. 그래서 문을 열고 나가보니 피고소인이었습니다. 그 사람이 그날 찾아온 것이 사실입니다."

세입자로부터 진술을 들으니 피고소인에게 혐의가 있다는 확신이 더욱 강해졌다. 자신과 상관이 없는 일인데도 일부러 검찰청까지 나와 진술을 해준 것이 고마워 세입자에게 교통비까지 잘 챙겨주었다. 그리고 바로 다음 날 피고소인을 소환했다. '그러면 그렇지. 피고소인과 아무런 관계가 없는 사람이 거짓말을 할 이유가 없어. 심지어 아주 구체적으로 진술했는걸. 부인하는 것도 개인의 권리라지만, 이건 좀 너무하지 않나?'라는 생각이 들었다. 그런데 검찰청에 나온 피고소인은 예상보다 더 완강한 태도로 말했다.

"저는 정말 그날 그곳에 가지 않았습니다."
"그날 이억울 씨를 본 사람도 있는데, 간 적이 없다는 게 말이 되나요?"
"그게 누굽니까? 당장 대질을 시켜주세요."
"그 건물의 세입자가 이억울 씨를 봤다고 명확히 진술하고 있습니다."
"예, 세입자라구요? 그 사람이 누구죠? 저는 그런 사람을 본 적이 전혀 없습니다. 거기에 가지도 않았는데 도대체 저를 어떻게 봤다는 건가요?"

이쯤 되자 뭔가 이상했다. 목격자가 있는데도 이렇게까지 부인하는 경우는 흔치 않다. 결국 피고소인과 참고인을 다시 불러 대질조사를 할 수밖에 없었다. 두 사람을 같은 자리에 앉혀놓고 조사를 시작하자 참고인의 태도가 급격히 달라졌다. 사실은 피고소인을 본적이 없다고 진술을 바꾼 것이다.

"그런데 왜 전에는 이억울 씨가 그날 찾아온 것이 분명하다고
    진술했나요?"
"제가 사는 건물과 관련된 분쟁이라서 혹시라도 제게 피해가 올
    까봐 그렇게 이야기했습니다."

어이가 없었다. 챙겨준 교통비를 다시 돌려달라고 하고 싶은
심정이었다. 사실 고소인과 피고소인의 진술은 서로 다른 것이 일
반적이다. 서로 보고 싶은 것만 보고 듣고 싶은 것만 듣기 때문이다.
그렇기 때문에 분쟁도 생긴다. 하지만 참고인은 사건과 관계가 없
기 때문에 객관적으로 보고 들은 사실을 진술한다. 그럼에도 불구
하고 이 사건의 참고인은 자신이 피해를 입을까 걱정되어 거짓말을
한 것이다.

실제로 수사를 하다 보면 이런 일은 다반사이고, 일상생활에서
도 자주 일어난다. 한쪽의 말만 철석같이 믿고 일을 처리했다가 낭
패를 당하기 십상이다. 그래서 검사들은 마치 평균대 위에서 걷는
것처럼 항상 양쪽 당사자의 말을 균등하게 듣는다. 그래야 올바른
판단이 가능하기 때문이다.

"두 사람 사이에 말밖에 없는 사건인데, 누구 말이 맞는지 어떻

게 아니요?"

검사가 된 후 제일 많이 들은 질문 중의 하나다. 그럴 때마다 내 대답은 이렇다.

"조사하면 다 나옵니다. 조사해서 진실이 밝혀지지 않는 사건은 없습니다."

농담처럼 하는 말이지만 실제로 그렇다. 목격자나 CCTV 같은 증거가 있는 사건도 많지만 당사자들의 말이 전부인 사건도 제법 많다. 성폭력 사건도 그런 유형에 속한다. 아무래도 눈에 잘 띄지 않는 장소에서 일어난 경우가 많아 합의에 의한 성관계인지 아니면 억지로 성관계를 한 건지 입증할 다른 증거가 없기 때문이다. 하지만 그런 사건이라고 할지라도 계속 이야기를 듣다 보면 누구의 말이 맞는지 알게 된다. 아무래도 거짓말을 하는 사람은 자꾸 중언부언하게 되고 상대방의 반박에 합리적인 설명을 하기가 어렵다. 스스로는 합리적으로 설명했다고 생각할지 몰라도 구체적인 상황에 대입해보면 빈틈이 보일 수밖에 없다. 그런데 그 빈틈은 '보이는' 경우보다 '들리는' 경우가 더 많다. 당연히 귀를 잘 열어놓을수록 빈틈이 잘 들린다.

변호사는 본래 의뢰인의 목소리를 듣는 직업이다. 의뢰인이 고소인이건 피의자건 피고인이건 자신을 선임한 사람의 목소리를 듣고 정리해 경찰, 검사 혹은 판사를 상대로 알기 쉽게 대신 주장해주는 일을 한다. 당연히 어느 정도 편향성이 있을 수밖에 없다. 검사는 양당사자의 의견을 고루 듣지만 피해자의 목소리에 좀 더 귀를 기울인다. 검사가 피해자의 억울한 심경에 귀 기울이지 않는다면 누가 피해자의 호소에 관심을 가져주겠는가. 판사도 기본적으로는 검사와 비슷하지만, 그래도 피고인의 목소리에 좀 더 귀를 기울인다. '열 명의 범인을 놓치더라도 한 사람의 무고한 시민을 만들어서는 안 된다'라거나 '의심스러울 때는 피고인의 이익으로'라는 격언들이 판사의 역할을 대변해준다. 이런 각각의 역할에도 불구하고 변하지 않는 점이 하나 있다. 누구의 목소리를 주로 듣건 그 목소리에서 합리성과 균형성이 묻어나야 한다는 것이다. 그렇지 않으면 아무리 간절한 목소리라도 그저 떼쓰기에 불과하다.

사람의 신체에는 평형감각을 담당하는 기관이 있다. 전정기관前庭器官 혹은 안뜰기관이라는 것인데, 바로 귓속에 있다. 신체의 평형을 유지해주는 전정기관에 이상이 생기면 어지럼증을 느끼게 된다. 그런데 귀는 신체적인 균형만을 담당하는 것이 아니다. 여기에 더해 이성적인 균형과 판단도 담당한다. 듣기에 이상이 생기면 판단이 어지러워진다. 한쪽 말만 듣거나 한쪽 말에 지나치게 경도되어 듣는 경우가 그렇다. 그래서 균형 잡힌 판단을 하기 위해선 귀를 여러 방향으로 열어놓아야 한다. 귀가 눈, 코, 입과 달리 반대 방향으로 설계되어 있는 이유를 곰곰이 생각해보자.

자주 보아야 예쁘다

임지를 옮기고 얼마 되지 않았을 때의 일이다. 전임 검사가 남기고 간 사건을 검토하다 까다로워 보이는 사건 두 건을 발견했다. 두 건 다 성폭력과 관련된 사건이었다. 예나 지금이나 성폭력 사건은 수사와 결정이 매우 어렵다. 그 이유로는 여러 가지가 있다. 우선, 기본적으로 성^性과 관련되다 보니 예민하고 조심스러울 수밖에 없다. 또 대부분 목격자 없이 당사자들의 말만 있는 사건이라 두 사람의 이야기를 자세히, 오래 들어봐야 한다. 경우에 따라서는 대질 조사가 불가피한 경우도 있지만 기억을 들추다 보면 피해자에게 2차 피해를 줄 우려가 있어 주의해야 한다. 당시 내가 발견한 두 사건도 그랬다. 게다가 두 사건의 고소인은 각각 만 3세의 아이와 20대 후반의 청각장애인 여성이었다. 어떤 결정을 하든 뒷말이 나올 수밖에 없는 사건이었다. 경찰에서 수사하여 송치한 기록을 검토해보니 사건의 내용을 어느 정도 파악할 수 있었다. 하지만 그렇다고 해서 함부로 결론을 내릴 수는 없는 일이다.

그러던 중 관내에 있는 경찰서로 출장을 갈 기회가 생겼다. 가는 길에 여자아이가 성추행을 당했다는 장소에 가보기로 했다. 현장에 도착해보니 기자들을 비롯해 초대하지 않은 사람들이 꽤 많이 와 있었다. 사건에 대한 관심이 내 생각보다 훨씬 컸던 것이다. 안내에 따라 아이가 성추행을 당했다는 장소를 둘러보고 건물의 구조도 자세히 살펴보았다. 현장을 확인하고 나니 사건의 전말에 확신이 섰다. 고소인과 피고소인의 조사 없이 현장을 보는 것만으로도 사건에 대한 결정이 충분히 가능할 정도였다. 반면 두 번째 사건은 기록만으로도 결정을 내릴 수 있을 만큼 분명해 보였다. 그래서 사건 현장에 가보는 대신 고소인과 피의자를 불러 조사하기로 했다. 조사의 과정을 명확히 남기기 위해 수화 통역과 보호자를 참석하게 한 후 영상 녹화 방식으로 오랜 시간에 걸쳐 조사를 진행했다. 당사자들이 하는 이야기도 충분히 들었고, 그 밖의 관계자들에게도 진술할 시간을 넉넉히 주었다.

영화나 TV 드라마에서는 검사들이 총을 들고 현장에 나가 범인을 직접 잡는 모습이 가끔 등장한다. 총까지 들지는 않더라도 사건 현장에 나가 이것저것 살펴보고 주변의 목격자를 찾아다니는 장면도 자주 나온다. 그런데 현실의 검사들은 현장에 그렇게 자주 나가지 못한다. 처리해야 할 사건 수가 워낙 많아 하루 종일 기록에 파묻혀 있다고 해도 과언이 아닌 탓이다. 그렇지만 직접 현장에 나

검사의 대화법

가 보면 기록으로 보는 것과는 확실히 다르다. 기록상 문자로만 남아 있던 당사자의 진술이 사건 당시의 영상을 보듯 머릿속에 생생하게 펼쳐지는 것을 경험할 수 있다.

두 사건도 그랬다. 두 사건 모두 충분히 조사했고, 충분히 숙고해 결정했다. 하지만 그 결정에 당사자들이 승복하는 정도는 달랐다. 첫 번째 사건에서는 고소인과 피고소인 모두 현장까지 나가 사안의 진실을 확인하기 위해 노력해준 점을 높이 사주었다. 두 번째 사건은 충분한 조사와 의견 진술의 기회를 주었음에도 불구하고 고소인과 피고소인의 만족도가 첫 번째 사건과 비교할 수 없을 정도로 낮았다. 조사에 있어서는 오히려 두 번째 사건에 좀 더 심혈을 기울였는데도 말이다. 두 사건의 조사 방식은 현장을 눈으로 직접 확인했는지, 확인하지 않았는지의 차이뿐이었다. 그 차이가 사건 처리에 대한 당사자들의 만족도에 영향을 미칠 만큼 중요한 것일까? 사실 검사의 현장 검증은 '사건과의 스킨십'이라 할 수 있다. 기록상의 문자만을 보고 사건을 파악하는 것이 아니라 청각, 후각, 촉각, 심지어 미각까지 동원한 스킨십을 통해 사건의 실체를 파악하는 것이다. 당시 사건의 당사자들도 그 스킨십에 점수를 더 주었던 것이 아닐까 하는 아쉬움이 남았다.

게다가 나중에 우연히 두 번째 사건의 현장을 둘러보게 되면서 그 아쉬움이 더 커졌다. 결정을 내리기 전에 현장에 가봤더라면 그 결정이 훨씬 명확해졌을 것이라는 생각이 강하게 들었기 때문이다.

처음 검사가 되었을 때, 당시 부장이 내게 말씀하셨다.

"양 검사! 모르는 게 있으면 옆방에 가서 수석이나 차석한테 꼭 물어보게."

그때는 그 말이 무슨 뜻인지 잘 몰랐다. 그저 사건을 처리하다가 모르는 게 생겼을 때 덜컥 결재를 올리거나 혼자 결정하지 말라는 의미인 줄로만 알았다. '귀찮으니 부장인 나한테는 물어보지 말라는 뜻인가'라는 생각이 들기도 했다.

다른 분야도 그렇겠지만, 검찰의 수사는 '1+1=2'라는 공식이 통하지 않는 분야다. 보통 검사들은 근무한 임지를 기준으로 '학년'을 구분한다. 예를 들면, 첫 임지에 발령받은 초임 검사는 1학년, 초임 시절이 지나고 두 번째 임지에서 근무하는 검사는 2학년, 세 번째 임지에서 근무하는 검사는 3학년이라고 부르는 식이다. 1학년 검사 두 명이 아무리 머리를 맞대도 2학년 검사 수준의 해법을 찾아낼 수는 없다. 잘 모르는 게 있으면 동기가 아닌 경험이 훨씬 많은 선배들을 찾아가 물어보아야 한다. 부장이 한 말씀의 취지가 바로 그것이었다. 모르는 것이 있을 땐 초임들끼리 상의하지 말고 꼭 경험 많은 선배들에게 물어보라는 것. 나는 부장의 그 말씀을 충실히 따랐다. 기록을 보다가 모르는 내용이 있으면 꼭 선배들에게 질문했다. 물론 물어보기 위해서는 기록을 잘 알고 있어야 했다. 그렇지 않으면 선배들에게 핀잔을 듣게 되기 때문이다.

"피고소인은 자신이 2019년 5월 30일까지 돈을 갚기로 했다는 사실을 인정했나?"

예를 들어, 선배가 이렇게 물어보면 즉각 답변할 수 있어야 한다.

"아니요. 피고소인은 돈을 갚기로 약속한 날짜가 2019년 5월 30일이 아닌 2020년 5월 30일이라고 주장합니다."

이렇게 사건을 세밀하게 파악하지 않고 아무 생각 없이 무턱대고 물어보는 것은 그 선배에게 사건을 대신 처리해달라고 하는 것이나 다름없다. 기록을 철저히 확인한 다음 모르는 법리나 수사 방법, 판단에 대한 조언을 구해야 한다. 사실, 그 과정에서 검사로서의 실력이 늘었는지도 모른다. 그렇게 기록을 파악해서 궁금한 점을 물어보면 신기하게도 선배들은 수사의 미진한 부분을 족집게처럼 짚어내곤 했다. 아울러 그 부분의 해결 방법도 제시해주었다. 그러면서 실력을 키워나갔다.

내가 검사가 된 지 몇 년이 지나자 검찰에도 드디어 사내 메신저라는 게 생겼다. 멀리 지방에 있거나 다른 청에 근무하는 사람들과 수시로 대화를 나눌 수 있게 된 것이다. 하지만 메신저가 도입된 초반에는 잘 사용하지 않았다. 메신저로 간편하게 처리할 수 있는 일도 꼭 선배들을 찾아다니거나 전화를 해서 한 명 한 명 확인했다. 당시의 나에게는 그것이 더 명확하게 의사를 확인하는 방법이었다. 또 갑자기 메신저로 의사를 교환하는 것이 낯설기도 했다. 그런데 시간이 지나자 메신저가 훨씬 더 편하다는 것을 자연히 깨닫게 되었다. 특히 간단한 전달 사항을 공유하기에 아주 그만이었다.

"오늘 점심 식사 함께하시나요?"
"오늘 부 회의는 17시 40분입니다."

이처럼 간단한 사항은 일일이 전화를 하거나 직접 찾아다니며 전달하는 것보다는 필요할 때마다 메신저로 공유하는 게 훨씬 간편했다. 얼마 지나자 좀 더 복잡한 내용을 전할 때도 메신저를 이용하게 되었다. 최근에는 사건과 관련해 모르는 부분이 생기면 메신저를 이용해 선배들에게 물어보는 것이 트렌드다. 부장의 얼굴을 직접 보면서 보고하는 대신 메신저로 보고서를 전송하기도 한다. 그러다 보니 일주일 내내 부장이나 선배 검사의 얼굴을 보지 못하는 경우도 종종 생겼다. 자기 방에 틀어박혀 자기 일만 처리하는 일이 잦아진 것이다.

검사의 대화법

예전에는 의사를 전달하기 위해, 혹은 친구들과 수다를 떨기 위해서는 기본적으로 얼굴을 마주해야 했다. 그렇지 않으면 며칠씩 걸려 편지를 보내거나 전화로 둘이서 통화하는 방법이 고작이었다. 그런데 지금은 SNS를 통해 단체 채팅이 가능하다. 또 영상통화로 상대를 그리워하는 마음을 달래기도 한다. 예전에 비해 직접 만나는 일이 적어진 만큼 친구들과 웃고 떠들며 가끔씩 서로의 눈을 마주보는 기회도 현저히 줄었다. 통신수단의 발달이 오히려 접촉의 규모와 횟수를 줄이는 결과를 가져온 셈이다.

필자가 보기에 검찰의 메신저도 의도와는 조금 다른 결과를 가져온 듯하다. 의사를 신속하고 간편하게 전달하는 등 편리해지긴 했다. 하지만 부장이 평검사를, 평검사가 부장이나 선배를 만나는 일이 부쩍 줄어들었다. 다시 말해, 직접 만나서 눈을 마주보고 서로 상의하며 의사를 정확하게 전달할 기회가 적어졌다. 스킨십의 위기가 도래한 것이다.

세월이 흐르면서 스킨십의 정의도 달라졌다. 이제는 직접 만나는 것 그 자체만으로도 스킨십이라 할 만하다. 최근 연구에 의하면 인류의 조상인 호모사피엔스는 같은 시기에 살았던 네안데르탈인보다 체격은 물론 뇌의 용량도 작았다고 한다. 네안데르탈인이 호모사피엔스보다 신체적인 능력뿐만 아니라 정신적인 능력도 뛰어났다고 볼 수 있는 것이다. 그럼에도 호모사피엔스는 살아남아 현생 인류가 되었고, 네안데르탈인은 지구상에서 자취를 감췄다. 그 이유는 뭘까? 바로 접촉의 규모 때문이다. 네안데르탈인은 기껏해야 7~8명 규모의 가족 단위로 생활했지만, 호모사피엔스는 수백 명에 이르는 대규모 집단생활을 했다. 좀 더 많은 사람과 좀 더 자주 접촉하다 보니 지식과 지혜를 모으고 전달할 기회가 더 많았다. 접촉의 규모와 횟수가 가족은 물론 사회, 국가를 넘어 종족 전체의 명운을 좌우한 것이다.

나태주 시인은 자세히 보고, 오래 보아야 예쁘고 사랑스러운 것을 안다고 노래했다. 자세히 보려면 오래 보아야 한다. 그래야 실제로 예쁜지, 실제로 사랑스러운지 알 수 있다. 스킨십의 기본은 자주 보는 것이다. 눈에서 멀어지면 마음마저 멀어지는 법이다.

자세히 보려면 오래 보아야 한다.

그래야 실제로 예쁜지,

실제로 사랑스러운지 알 수 있다.

스킨십의 기본은 자주 보는 것이다.

눈에서 멀어지면

마음마저 멀어지는 법이다.

욕을 '잘' 먹는 기술

세상에 칭찬을 싫어하는 사람은 없다. 아무리 하찮은 일이라 하더라도 칭찬을 받으면 어깨가 으쓱 올라가는 게 사람의 본성이다. 그래서 칭찬은 회사나 집단이 잘 돌아가도록 하는 윤활유 역할을 한다. 상사로서도, 동료로서도, 부하 직원으로서도 칭찬은 관계를 다지는 좋은 무기가 될 수 있다. 사람만 그런 것이 아니다. 동물들도 마찬가지다. 동물들이 칭찬에 반응하지 않았다면 아마 인간이 동물들을 길들이기가 훨씬 어려웠을 것이다.

그렇다고 해서 칭찬만으로 사회가 굴러가는 것은 아니다. 적절한 칭찬만큼 적절한 질책도 필요하다. 잘못된 일에 대한 분명한 지적과 합당한 질책은 맑은 겨울날 '쩡' 하고 정수리를 내리치는 추위와도 같다. 내가 보지 못한 것을 보게 해주고, 잘못 본 것을 바로 보게 하는 힘을 준다. 때로는 질책이 칭찬보다 더 큰 힘을 발휘하기도 한다.

검사의 대화법

어느 회사가 인사 철을 맞았다. 모두가 뒤숭숭한 가운데 박명석 과장이 새로운 부서로 이동해 새로운 업무를 맡게 되었다. 사실 박 과장은 자신이 왜 그 부서로 이동하게 되었는지 의아했다. 아무리 생각해봐도 사장님이 자신에게 이런 업무를 맡긴 이유를 잘 이해할 수 없었다. '내가 뭔가 잘못해서 문책성으로 발령을 낸 것이 아닐까?'라는 생각이 들기도 했다.

인사이동 이후 며칠을 고민하던 박 과장이 드디어 새로운 부서로 출근했다. 새로운 부서의 부장과 상무는 그 분야에서 오랫동안 일하며 잔뼈가 굵은, 그야말로 베테랑이자 전문가였다. 며칠간 야근을 하며 업무를 파악하던 박 과장이 갑자기 무릎을 탁 쳤다. 사장님이 자신에게 무엇을 원하는지 비로소 알아챘기 때문이다. 게다가 그 방향은 자신이 평소에 가지고 있던 생각과도 정확히 일치했다. 문제는 자신이 생각한 방향이 이 부서에서 기존에 해오던 업무의 방향과 전혀 다르다는 점이었다. 게다가 부장과 상무는 그간의 업무 방향에 익숙해져 있어 새로운 방향에 동의하지 않을 것이 뻔했다. 부장과 상무에게 넌지시 새로운 방향에 관해 이야기해보기도 했지만 역시나 씨알도 먹히지 않았다. 워낙 완고해 한 번 더 말을 꺼냈다가는 아예 부서 내에서 왕따가 될지도 모르겠다는 생각이 들 정도였다.

고민에 고민을 거듭한 끝에 박 과장은 부장과 상무가 원하는 방향으로 보고서를 쓰기로 마음먹었다. 그리고 두 상사와 함께 사장님에게 보고를 드리기로 했다. 사장님의 반응은 어땠을까? 당연히 노발대발하며 박 과장을 크게 혼냈다. 업무의 기본도 되어 있지 않다며 누구의 생각이냐고 물었다. 부장과 상무는 어쩔 줄 몰라 하면서 연신 헛기침을 해댔다. 박 과장은 죄송하다고 하면서 '제가 업무를 잘 몰라서 그랬다'고 백배사죄했다. 하지만 겉으로만 그랬을 뿐, 속으로는 쾌재를 불렀다. 입가에 옅은 미소를 감출 수 없었다. 박 과장의 노림수가 적중했기 때문이다. 사장님도 박 과장의 미소를 눈치 채고는 더 크게 질책했다.

사실 박 과장은 보고서를 쓰면서 사장님에게 크게 질책받으리란 것을 예상하고 있었다. 그럼에도 자신이 원하는 방향으로, 또 사장님이 원하는 방향으로 업무를 전환하기 위해서는 어떤 계기가 필요하다고 생각했다. 그래서 자신이 부장과 상무를 대신해 크게 한 번 욕을 먹기로 작정한 것이다. 덕분에 박 과장은 상사의 뜻을 거스르지 않고도 업무를 바람직한 방향으로 이끌 수 있었다. 그날 이후 부장과 상무는 더 이상 박 과장의 업무 방향에 간섭하지 않았을뿐더러 사장님의 뜻이라며 응원까지 보태주었다. 덕분에 생각보다 수월하게, 누구와도 논쟁을 벌이지 않고 업무 방향을 바꾸어나갈 수 있었다.

만일 박 과장이 상사의 의견을 꺾고 자신의 고집대로 보고서를 썼다면 어떻게 되었을까? 사장님이 박 과장을 새로운 부서에 배치한 이유는 뭘까? 부장과 상무의 체면을 살려주면서 박 과장이 업무 방향을 바꿔주기를 원했기 때문은 아니었을까. 박 과장이 칭찬만을 바랐다면 업무는 이도 저도 아닌 어정쩡한 방향으로 흘러갔을 것이다. 그런데 박 과장은 부장과 상무 대신 욕을 먹기로 마음먹음으로써 업무를 바람직한 방향으로 돌려놓은 것이다. 누구나 칭찬받기를 바라지만 칭찬이 언제나 바람직한 것은 아니다. 때로는 질책도, 지적도 필요한 법이다.

몇 년 전 브래드 피트가 출연한 영화 〈월드워Z〉가 세계적으로 크게 흥행하며, 좀비를 소재로 한 영화 중에서 가장 많은 수익을 냈다. 나 역시 그 행렬에 기꺼이 동참했다. 사람들의 기억에 남을 만한 장면들이 여럿 있었겠지만, 그중 나의 뇌리에 유독 강하게 박힌 장면이 하나 있다. 바이러스에 의해 사람들이 좀비로 변하는 현상이 전 세계적으로 확산되었는데, 오직 한 나라만이 피해를 보지 않았다. 바로 이스라엘이었다. 브래드 피트가 이스라엘 정부 관계자에게 그 이유에 대해 물어보았다. 대답은 이랬다.

"처음 좀비가 발견되었다는 소문이 들렸을 때 이스라엘에서도 대비를 해야 할지 말아야 할지 의견이 분분했다. 모든 정보분석관들은 대비할 필요가 없다고 말했다. 그런데 방벽을 쌓아야 한다고 주장하는 사람이 딱 한 명 있었다. 그 사람은 반대를 위한 반대를 하는 사람이었다. 아무도 그의 논리를 깨지 못했고,

결국 우리는 방벽을 쌓았다."

누구나 당연하게 생각하는 것에도 당연하지 않은 허점이 있다. 겉으로는 당연한 것처럼 보이지만 당연하지 않은 부분이 있는 것이다. 그래서 때로는 돌다리도 만져보고, 두들겨보고 건너야 한다. 그래도 부족하면 초음파를 쏴서라도 혹시나 금이 간 건 아닌지 살펴봐야 한다. 영화 속 이스라엘 정부 관계자의 말은 나에게 깊은 울림으로 다가왔다. 그래서 나도 현실에 적용해보기로 했다.

부장검사로서 부를 운영하면서 부원 중 한 명을 '반대를 위한 반대자Devil's Advocate(악마의 변호사)'로 지정했다. 부원 중에서 경력이 가장 오래된 검사에게 모든 사안에 대해 무조건 반대하는 역할을 맡긴 것이다. 다른 검사들이 수사한 결과를 두고 토론할 때 다른 검사들과는 다른 의견을 내라고 주문했다. 속으로는 다른 검사의 수사 결과에 동의하더라도 겉으로는 무조건 반대 의견을 내고 그것을 뒷받침할 논리를 개발해오라고 했다. 그러면 나머지 검사들은 그 반대 논리에 대해 토론을 했다.

예를 들어보자. 어느 공직자의 뇌물 사건을 수사하게 되었다. 수사가 막바지에 이르러 결론을 내야 할 시점이 되었다. 부 전체 검사들과 토론한 결과, 모든 검사가 혐의가 인정되고 증거도 충분하다며 일치된 의견을 내놨다. 이럴 때도 반대자로 지정된 검사에게 혐의가 인정되지 않는 이유, 기소를 하면 안 되는 이유 등을 생각해오라고 했다. 혐의가 인정된다고 생각해서 기소하더라도 막상 법정에 가보면 재판 도중에 예상치도 못한 주장과 증거가 제출될 가능성이 많기 때문이다. 결과는 대단히 성공적이었다. 기본적으로 처음에 내렸던 결론이 바뀌는 경우는 많지 않았다. 하지만 결론이 바뀌지 않았다고 하더라도 결론에 이르는 과정이 더욱 단단해졌다. 누가 뭐라고 비판해도 흔들리지 않을 정도로 세심하게 수사 과정을 챙기고, 증거도 풍성해졌다.

처음 의견을 낸 검사는 이와 같은 '반대를 위한 반대'를 질책이라 받아들일 수 있다. 혹은 잘못된 지적이라 치부하거나 무시해버릴 수도 있다. 하지만 의견이 갈렸을 때보다 일치했을 때를 더 조심해야 한다. 의견이 일치한다는 것은 그만큼 다른 것을 보지 못했다는 의미일 수도 있기 때문이다.

물론, 의견의 일치는 중요하다. 통일된 추진력과 일체감은 일치된 의견에서 나온다. 하지만 거기에는 전제가 있다. 올바른 방향성의 일치여야 한다는 것이다. 그렇지 않으면 잘못된 방향으로 나아가 모두가 나락으로 떨어질 수도 있다. 윗사람의 의견을 무조건 좇아가도록 설계되거나 운영되는 조직은 위기에 취약할 수밖에 없다. 윗사람이 철인哲人이 아닌 다음에야 전체 조직이 한 사람에게만 의존하는 구조이니 당연한 일이다. 건강한 조직일수록 생각의 다름을 존중하는 문화가 있다.

사람과 사람 사이의 대화도 마찬가지다. 상대방이 나에게 무조건 옳다고 해주는 것만큼 위험한 것은 없다. 그것은 어떤 의미에서는 무관심의 표현일 수도 있다. 나아가 자신이 더 넓은 곳으로, 더 옳은 곳으로 나아가는 것을 방해하기도 한다.

　　조직을 운영하는 데 칭찬이 필수적이고도 중요한 요소인 것은 사실이지만 그렇다고 해서 칭찬이 항상 좋은 것만은 아니다. 사람에 따라 다르다. 칭찬이 통하는 사람도 있고, 지적이나 질책이 통하는 사람도 있다. 또 내가 꼭 칭찬을 받아야 좋은 것도 아니다. 지적이나 질책을 통해 발전할 수도 있고, 목적을 달성하기 위해 칭찬 대신 지적이 필요할 수도 있다. 칭찬은 좋은 것이지만 적절하지 않을 때도 있는 법이다. 적절하지 않은 순간에 더해지는 칭찬은 상대방에게 자만을 안겨주기도 하고 독이 되기도 한다. 욕도 먹어보고 지적도 해봐야 한다. 욕을 먹는 것도, 지적을 하는 것도 기술이다.

상대방이 나에게
무조건 옳다고 해주는 것만큼
위험한 것은 없다.
그것은 어떤 의미에서는
무관심의 표현일 수도 있다.
나아가 자신이 더 넓은 곳으로,
더 옳은 곳으로 나아가는 것을
방해하기도 한다.

검사의 대화법

"최기만 씨! 당신 사기꾼 맞지요?"
"정도적 씨! 당신 도둑이잖아요?"

왠지 검사실에 가면 이런 말이 방 안 가득 떠돌아다닐 것만 같다. 가끔 드라마나 영화의 피의자 조사 장면을 보면 검사나 수사관의 입에서 위와 같은 말들이 튀어나오기도 한다. 실제로 검찰청에서 누군가를 조사할 때 이런 말을 사용할까? 그렇지 않다. 만약 검사실에서 이런 말이 방 안을 떠돌아다니다가 조사를 받는 사람의 귀에 박힌다면 그 수사는 실패한 수사라고 감히 단언할 수 있다. 다음의 예를 함께 보자.

최기만 씨는 2020년 8월 3일에 강도야 씨로부터 1,000만 원을 빌리면서 이자는 월 2부(2%)로 쳐주고 6개월 후인 2021년 2월

2일까지 갚기로 했다. 그동안 최기만 씨는 이자를 꼬박꼬박 갚았지만 약속한 날짜인 2월 2일에 원금을 갚지 못했다. 그러자 강도야 씨는 여러 차례 돈을 갚으라고 독촉했다. 이에 최기만 씨는 조금만 말미를 주면 돈을 꼭 갚겠다고 약속하며 일주일이나 열흘씩 상환일을 미뤘다. 하지만 돈을 갚겠다는 약속만큼이나 허황된 것이 또 어디 있겠는가. 처음에는 돈을 빌린 최기만 씨가 아쉬워했는데, 나중에는 빌려준 강도야 씨가 사정을 하는 꼴이 되었다. 게다가 시간이 지날수록 최기만 씨는 더 뻔뻔해졌다. '나는 최선을 다해서 이자를 다 주었으니 법대로 하라'는 것이었다. 화가 난 강도야 씨가 최기만 씨를 상대로 고소를 했다. 돈을 빌려가서 갚지 않았으니 사기라는 주장이었다.

"예, 저 사기꾼 맞습니다."

최기만 씨가 이렇게 말했다면 그는 정말로 사기죄로 처벌될까? 사기죄는 최기만 씨가 한 말이나 행동을 법적으로 평가한 결과일 뿐이다. 최기만 씨가 진심으로, 혹은 자포자기의 심정으로 스스로 사기꾼이라고 인정했다고 하더라도 법적으로 사기죄가 성립하는 것은 아니다. 중요한 것은 사기꾼이라는 평가가 아닌 실제로 최기만 씨가 사기라고 평가받을 만한 말이나 행동을 했는지 여부다. 이런 경우 검사라면 어떻게 질문을 할까? 먼저 사실을 구체적으로 쪼개고 나누어서 꼬치꼬치 묻는다.

"최기만 씨! 2020년 8월 3일에 강도야 씨로부터 1,000만 원을
빌린 게 맞나요?"
"돈을 빌린 장소는 어디인가요?"
"그 장소에 최기만 씨와 강도야 씨 말고 다른 사람도 있었나요?"
"돈을 빌릴 때 조건은 무엇이었나요?"
"어디에 쓰려고 돈을 빌린 건가요?"
"원금은 2021년 2월 2일까지 갚기로 한 것이 확실한가요?"
"약속대로 이자나 원금을 모두 갚았나요?"
"2월 2일까지 돈을 갚기 위한 실현 가능하고 구체적인 계획이
있었나요?"
"약속한 기일에 원금을 갚지 못한 이유가 무엇인가요?"

이처럼 검사의 질문은 평가가 아닌 정확한 행동이나 상황에
집중된다. 구체적인 사실에 대해서만 물어보는 것이다. 이때 질문
의 기준은 간단하다. 우리가 초등학교 때부터 귀에 박히도록 배우
고 익힌 것이다. 바로 '누가, 언제, 어디서, 무엇을, 어떻게, 왜'로 대
표되는 육하원칙이다. 육하원칙에 따라 꼬치꼬치 물어보는 중에 이
상한 단어나 답변이 나오면 다시 그 부분을 쪼개고 또 쪼개어 꼬치
꼬치 물어본다. 이 예시에서 최기만 씨가 '제가 빌린 돈으로 투자를

해서 돈을 벌어 갚으려고 했습니다'라고 답을 했다면, 다음과 같이 질문하는 것이다.

"어떤 사업에 투자를 하기로 했나요?"
"실제로 투자를 했습니까?"
"투자금은 강도야 씨로부터 빌린 돈이 전부인가요? 아니면 다른 돈도 있었나요?"
"나머지 투자금은 어떻게 마련했나요?"
"투자한 결과는 어떻게 되었습니까?"

이때 검사의 질문 중에 사기라는 단어는 단 한 번도 등장하지 않는다. 조사를 통해 구체적인 사실을 확인하고, 그것이 사기에 해당하는지 아닌지는 나중에 평균인의 관점에서 법적인 잣대를 들이대 평가할 뿐이다. 사기꾼이나 도둑놈이라는 말은 그 사람을 적대적으로 생각한다는 것을 드러내는 지극히 감정적인 표현으로, 일종의 감탄사라 볼 수 있다. 사람을 추상적으로 평가하는 단어에 불과하다. 이는 사실관계를 정확히 파악해 해법을 마련하는 데에 전혀 도움이 되지 않는다. 그런 말을 내뱉어 굳이 사태를 키울 필요가 있을까? 그런 말들은 공연히 상대의 감정만 자극해 해결을 어렵게 만들기만 한다.

검사실에서 '사기꾼'이나 '도둑놈'이라는 말을 쓰지 않는 두 번째 이유는 사람들이 이런 말에 본능적으로 거부감을 갖기 때문이다. 이러한 거부감은 불편한 표현을 다른 말로 바꿈으로써 상쇄시킬 수 있는데, 이와 관련한 좋은 용례를 찾을 수 있는 곳이 있다. 바로 군대, 그중에서도 훈련소다.

청년들이 입대를 해서 가장 먼저 맞닥뜨리는 곳인 훈련소는 속칭 '사회 물'을 빼는 곳이다. 갑자기 엄격한 규율에 따라 규칙적인 집단생활을 하려다 보니 훈련병들 사이에 적지 않은 혼란이 생긴다. 처음 사용하는 군대용어가 헷갈리는 것은 물론, 자기 물건을 제대로 챙기지 못하는 경우도 적지 않다. 하지만 국가의 부름에 기꺼이 응한 건실한 장정들이 모인 군대에서 물건을 잃어버리는 것은 절대로 있을 수 없는 일이다. 잃어버린 물건은 무조건 채워놓아야 한다. 그런데 군대 물건이다 보니 아무리 돈이 많다고 해도 사회에서처럼 제 돈으로 사서 마음대로 채울 수가 없다. 이때 등장하는 용어가 '위치 이동'이다. 군대를 다녀온 사람이라면 누구나 들어본 적이 있을 것이다. 위치 이동은 우리 소대의 물건 중 일부가 사라졌을 때 다른 소대의 것을 가져다가 채우는 것을 말한다. 그 바탕에는 군대에서 사용하는 물건들은 모두 국가의 재산이고, 따라서 보급품은 국가의 물건을 병사들이 잠시 맡아둔 셈이니 그 물건이 1소대에 있으나 2소대에 있으나 똑같은 것 아니냐는 논리가 있다. 심지어 조교나 소대장이 은근히(때로는 노골적으로) 위치 이동을 부추기기도 한

　　　　　　　　　　　　검사의 대화법

다. '다른 소대에서도 다 이렇게 한다'는 공범 의식까지 주입하면서 말이다. 검사인 나도 조금 헷갈릴 만큼 그 논리가 제법 정교하다.

'위치 이동'이라는 군대용어를 일상용어로 바꾸면 '도둑질'이 된다. 그런데 왜 도둑질이라고 하지 않고 굳이 위치 이동이라고 바꿔 말할까? 도둑질이라는 표현에서는 부정적 의미가 선명히 드러나기 때문이다. 누가 들어도 그 행동이 나쁘다는 것을 듣는 즉시 깨닫게 된다. 그렇지 않더라도 이 말을 들으면 께름칙한 무언가가 마음 안에 남아 선뜻 남의 물건에 손을 대지 못한다. 혹여 걸리기라도 하면 빼도 박도 못할 정도로 나쁜 일이라는 것이 느껴지는 말이다. 남의 소대 물건을 우리 소대에 갖다 놓은 행동이 나쁜 짓이 아니라고 합리화할 만한 변명거리를 찾기는 쉽지 않다. 그래서 아무 곳에나 물건을 흘리고 다니는 바람에 곤란에 빠진, 조금 덜떨어진 훈련병일지라도 남의 소대 물건을 가져오기란 어려운 일이다. 합리적인 근거가 있어야 비로소 용기를 낼 수 있다. 혹시나 이웃 소대원들에게 들키더라도 최소한의 핑계는 댈 수 있어야 하지 않겠는가. 그 핑계를 나름대로 합리적인 용어로 포장해주는 것이 분대장이나 소대장의 역할인 것이다.

주먹다짐이건 말싸움이건 대부분의 싸움은 아주 단순한 계기에서 비롯된다. 그중 대표적인 것이 사기꾼, 도둑놈과 같은 표현이나 개새끼, 소새끼 같은 욕설이다. 강도야 씨가 최기만 씨를 사기꾼이나 도둑놈이라고 불렀다고 해서 그가 실제로 사기꾼이나 도둑놈이 되는 것은 아니다. 개새끼나 소새끼라고 불렀다고 해서 그 사람이 강아지나 송아지가 되는 것이 아닌 것처럼 말이다. 이와 같은 말들의 공통점은 상대방의 자존심을 건드리고 거부감을 불러일으킨다는 점이다.

속에서 열불이 나더라도 감정적인 표현들은 가급적 마음에 꾹꾹 눌러 담아두는 게 좋다. 이런 말이 입 밖으로 튀어나오는 순간, 사태의 해결은 걷잡을 수 없이 어려워진다. 사기꾼이라는 말을 들은 최기만 씨 입장에서는 '뭐라고? 내가 사기꾼이라고? 아무리 돈을 좀 못 갚았기로서니 사기꾼이라니! 그럼 법대로 해. 몸으로 때우면 때웠지 치사하고 더러워서 그 돈 갚기 싫다'고 생각하기 십상이다. 아무런 도움도 되지 않고, 도리어 싸움으로 번질 우려가 있는 용어를 쓰면서 굳이 상대방과 대립할 필요가 있을까? 말을 뱉는 순간에는 감정적으로 시원할 수야 있겠지만, 결과적으로는 돈만 날리는 신세가 될지도 모른다. 앞으로 벌고 뒤로 밑지는 그런 상황이 되고 마는 것이다.

옛말에 '말 한 마디로 천 냥 빚을 갚는다'고 했다. 이 말을 단순한 속담이나 격언으로만 봐서는 안 된다. 말 한 마디로 천 냥 빚을 갚는 사례는 우리의 주변에서 종종 일어난다. 천 냥이 아닌 1,000만 달러를 갚거나 번 사람도 있다. 그 비결은 무엇일까? 1년 동안 같은

검사의 대화법

부에서 근무하던 후배 검사가 다른 곳으로 가게 되어 회식 자리를 가졌는데, 그때 그 후배가 내게 이런 이야기를 했다.

"선배님 방에 가보면 '여기가 검사실이 맞나?' 하는 생각이 들곤 했습니다. 매번 조사를 하고 계시긴 한데 큰소리가 나는 일이 한 번도 없더라고요. 그래서 선배님 방이 한의원 같다고 생각했습니다. 선배님께서는 마치 한의사가 환자들에게 '어디가 아파서 오셨나요?'라고 묻는 것 같은 표정과 태도로 조사받는 이들을 대하시더군요."

검사실이 한의원 같다니, 도대체 무슨 의미일까? 곰곰이 생각해보았다. 조사를 받는 사람을 추궁하기보다는 그 사람의 입장은 무엇인지, 무엇이 억울한지, 그 사람이 그런 말이나 행동을 할 수밖에 없었던 이유는 뭔지 오래도록 자세하게 들어주는 모습이 그 후배의 눈에는 꼭 한의사가 환자들을 진찰하는 모습처럼 보였던 모양이다. 따지고 보면 아주 간단하고 쉬운 방법이다. 사실 끊임없이 밀려오는 사건들을 처리하다 보면 가끔씩 짜증도 같이 밀려온다. 그럴 때 목소리를 높이거나 상대방의 감정을 건드리는 말을 내뱉기 쉽다. 하지만 그건 사건을 해결하는 데에도, 사태를 완화시키는 데에도 전혀 도움이 되지 않는다. 내가 듣고 싶은 말을 하는 대신 상대방이 하고 싶은 말을 들어주어야 한다. 동시에 '상대가 왜 저런

끊임없이 밀려오는 사건들을
처리하다 보면 가끔씩 짜증도 같이 밀려온다.
그럴 때 목소리를 높이거나 상대방의
감정을 건드리는 말을 내뱉기 쉽다.
하지만 그건 사건을 해결하는 데에도,
사태를 완화시키는 데에도
전혀 도움이 되지 않는다.

말을 하는지' 생각해보는 시간을 충분히 가져야 한다.

　조사도 대화의 일종이다. 다른 대화와 다른 점이 있다면 추상적인 질문과 답변을 거의 하지 않는다는 것이다. 질문과 대답을 구체적으로 하다 보면 나와 상대방의 감정을 다치지 않고 공통의 답에 접근하는 일이 보다 쉬워진다. 만일 그렇지 않다면 검사는 매일 조사를 받는 사람과 싸워야 할지 모른다. 그러면 검사라는 직업이 얼마나 피곤해질까. 감정을 다치지 않게 하는 구체적인 질문! 그것이 지난 20여 년의 검사 생활 동안 마음을 조금 덜 다치고 버텨온 비결이라면 비결이라 하겠다.

대화를 이끌어 가는 힘

질문은 실력이다

질문을 하는 방법은 여러 가지다. 수사를 할 때 검사의 질문에는 시간상의 제약이 없다고 보아도 크게 틀린 말이 아니다. 신속함보다는 끝까지 진실을 밝혀내는 것이 업무의 본질이기 때문이다. 검사에게 주어진 하나의 사건이 수사의 대상이 된 사람들에게는 인생 전체가 걸린 문제일 수도 있다. 그래서 모르는 것, 불분명한 것이 있으면 그것이 명확해질 때까지 끊임없이 질문한다. 하지만 검사가 하는 모든 대화가 이렇지는 않다. 제한된 시간 안에서 질문을 해야 하는 경우도 많다. 검사와 기자의 대화도 그런 경우다.

　　기자들이 검사에게 하는 여러 질문 중 하나가 누군가를 소환했는지 여부다. 특히 피의자를 소환했다면 그 사건의 수사가 어느 정도 막바지에 이르렀다는 신호가 되므로 소환 여부에 초미의 관심이 집중된다. 하지만 원칙적으로 피의자의 소환 여부는 관계자가 아닌 사람에게 알려줄 수 없다. 이는 법무부 훈령인 〈인권보호를 위한 수사공보준칙〉에도 분명히 명시되어 있다. 법조 기자 생활을 어느 정도 해본 기자들라면 대부분 잘 알고 있는 사실이기도 하다. 그렇다고 해서 그 기자의 팀장이나 데스크가 사정을 이해해주는 것은 아니다. 팀장이나 데스크는 검찰에 확인하든 피의자에게 물어보든 수단과 방법을 가리지 말고 소환 여부를 알아오라고 오더를 내린다.

예를 들어보자. 국내 굴지의 대기업 회장인 소동그룹 윤재벌 회장 관련 수사가 시작된 지 한참이 지났다. 곧 윤 회장 본인이 소환될 것으로 예측되는데 그 날짜가 언제인지 알 수가 없다. 공보담당관인 차장검사에게 전화를 해본들 소환 일자를 알려줄 리 만무하다. 그렇다고 지레 겁을 먹고 확인을 해보지도 않을 수는 없다. 이때 비로소 기자의 역량이 발휘된다. 어떻게 질문을 하느냐에 따라 소환 여부를 알아낼 수도 있기 때문이다.

"죄송한데요. 소동그룹 윤재벌 회장 소환 일자 좀 알려주세요. 이거 알아가지 못하면 저 팀장한테 엄청 깨져요. 제발 좀 부탁드립니다."

이렇게 다짜고짜 읍소형으로 묻는 기자도 있다. 하지만 이런 질문에 소환 일자를 덥석 알려줄 사람은 아무도 없다. 사실 이런 질문은 질문을 받는 사람에 대한 최소한의 예의도 갖추지 못한 것이다. 취재를 전혀 하지 않은 채 정보를 가진 사람의 입만 바라보는 것이기 때문이다. 아무리 정중한 태도로 말한다고 해도 문전에서 박대를 받을 수밖에 없다. 이보다 좀 더 노련한 기자는 이렇게 물어 본다.

"제가 내일 하루 회사에 연가를 내려고 하는데, 가도 될까요?"

이 질문에는 '요즘 소동그룹 윤재벌 회장 수사 중이신 거 알아요. 소환이 임박했다는 소문이 있던데, 그 날짜가 내일일 수도 있잖아요'라는 말이 내포되어 있다. 즉 질문을 하는 사람과 받는 사람이 상대가 어떤 사건 때문에, 무엇이 궁금해서 이런 질문을 하는지 서로 잘 아는 상태에서 대화를 나누는 것이다. 또 이 둘은 어느 정도 신뢰 관계가 쌓여 있는 사이일 가능성이 높다. 기자는 내일 휴가를 간다는 핑계를 대며 혹시 내일 윤재벌 회장을 소환할 예정인지 에둘러 물어본 것이다.

"어디 좋은 데 가시나봐요? 잘 쉬고 오세요."
"그걸 왜 저한테 물어보세요. 휴가 잘 다녀오세요."

앞의 질문에 이런 답이 돌아왔다면 이는 무슨 뜻일까? 그냥 휴가를 잘 다녀오라는 인사말처럼 보이지만, 내일은 윤 회장을 소환하지 않을 것이라는 암묵적 신호라고 해석해도 무방하다. 대놓고 콕 집어 말한 것은 아니지만 '특별한 일이 없으니 휴가를 가도 된다'는 의미를 담고 있기 때문이다. 그렇다면 이런 답은 어떨까?

"내일 날씨도 좋지 않다는데, 휴가 가서 뭐 하시게요?"
"주중에 휴가를 가야 할 특별한 이유라도 있나보지요?"

당연히 내일 소동그룹 윤 회장을 소환할 가능성이 높다는 신호라고 봐야 한다. 내일은 휴가를 가지 않는 게 좋겠다는 의미가 들어 있으니 말이다. 만약 중립적인 답변을 받는다면 어떨까?

"글쎄요. 그건 본인이 알아서 판단하셔야죠."

이런 답은 긍정도 부정도 아니라서 판단하기가 조금 까다롭다. 이럴 때에는 답변을 하는 사람이 평소에 어떤 식으로 말하는지를 분석해봐야 한다.

이 밖에도 질문의 형태는 무척 다양하다. 다음의 예를 함께 살펴보자.

① "소동그룹 윤재벌 회장 내일 10시에 나오죠?"
② "소동그룹 윤재벌 회장 내일 몇 시에 나오나요?"

③ "소동그룹 윤재벌 회장 내일 소환하셨다면서요?"

④ "소동그룹 윤재벌 회장 내일 소환하셨나요?"

이 질문들은 내용도, 글자 수도 별 차이가 없어 보이지만 찬찬히 들여다보면 함유하는 의미가 매우 다르다는 것을 알 수 있다.

첫 번째 질문은 윤재벌 회장을 내일 소환했다는 것은 이미 알고, 소환 시간도 10시로 알고 있는데 그게 맞느냐는 뜻이다. 이때 실제로 기자가 윤 회장을 내일 10시에 소환했다고 알고 있는지의 여부는 별론할 일이다. 원하는 답변을 얻어내기 위해 그냥 질러보는 것일 수도 있다. 내일 윤 회장을 소환한 것은 기정사실로 전제하고 시간도 10시로 특정했다. 이런 질문은 받는 입장에서는 매우 공격적으로 들린다. 이 경우 만일 기정사실로 전제한 내용이 사실이 아니라면 오보를 방지하기 위해서라도 최소한의 사실을 확인해주어야 할 때가 있다.

기자는 '사실이 아닙니다'와 같은 매우 중립적이고 모호한 답을 듣기도 하지만, 때로는 '내일은 소환하지 않습니다'라거나 '10시는 아닙니다'라는 유의미한 답변을 얻을 수도 있다. 이를 통해 내일 윤 회장을 소환하는지에 대해서는 확답을 받은 셈이다. 질문 자체가 구체적이다 보니 답변의 범위가 매우 좁다. 답변자가 빠져나갈 여지를 제한하는 질문인 것이다.

이 질문에 '확인해줄 수 없다는 거 잘 아시잖아요'라는 답이 돌아왔다고 치자. 이 답변이 정말로 '확인해주지 않은 것'일까? 질문을 받은 사람은 '아, 이 기자는 윤재벌 회장이 내일 10시에 소환된 것을 알고 있구나'라고 생각할 것이다. 그런데 소환 일시가 내일 10시가 아닐 경우 확인해줄 수 없다는 대답을 했을 때 자칫 잘못되거나 추측성의 기사가 보도될 우려가 있다. 그래서 '확인해줄 수 없다'는 답은 섣불리 하기 어렵다. 즉 확인해줄 수 없다고 답하긴 했으나 그 이면을 잘 분석해보면 내일 오전 10시에 윤 회장을 소환한 게 맞다는 의미가 담겨 있음을 충분히 파악할 수 있다.

앞의 질문 예시는 ① → ② → ③ → ④의 순서로 갈수록 답변자가 빠져나갈 구멍이 커진다. 질문이 개방적인 만큼 할 수 있는 답변도 여러 가지가 되기 때문이다. 특히 ④와 같이 질문한다면 '확인해줄 수 없다는 거 잘 아시잖아요'라는 답을 듣게 될 것이 뻔하다. 그리고 이때의 '확인해줄 수 없다'는 ①의 경우와는 달리 함의된 뜻을 유추하기가 불가능하다.

폐쇄적인 질문의 대표적인 사례는 가정에서 주로 일어난다. 평소 요리를 자주 하지 않던 아내가 모처럼 남편을 위해 달래된장국을 끓여 내왔다. 워낙 요리와 친하지 않아 객관적으로 그 맛이 썩 뛰어나다고 보기는 어렵다. 그럼에도 아내는 막 밥을 한 술 뜨기 시작한 남편에게 바짝 다가가 초롱초롱한 눈빛으로 묻는다.

검사의 대화법

"어때? 맛있지?"

이때 남편은 뭐라고 답해야 할까? 아내가 요리를 시작하는 순간부터 이 질문에 대한 답은 이미 하나로 정해져 있는 것이나 마찬가지다. 게다가 '맛이 어때?'도 아닌, '어때? 맛있지?'는 더 이상 완벽할 수 없는 폐쇄적인 질문이다. 이 상황에서는 아내가 원하는 답변뿐만 아니라 대답의 타이밍이나 덧붙일 제스처도 아주 중요하다. 조금이라도 주저하거나 틈을 보여서는 안 된다. '우와, 봄 내음이 입안에 가득한데! 정말 맛있어!'라고 한 치의 망설임도 없이 즉시 대답해야 한다. 가끔은 아내가 요리를 하는 동안 좀 더 창의적인 멘트를 준비해놓는 것이 좋다. 이와 비슷한 상황으로는 대화의 맥락과 전혀 상관없이 불쑥 끼어든 직장 상사의 질문이 있다. 예를 들면 이런 것이다.

"이 넥타이 어때? 딸아이가 첫 월급을 타서 선물을 해주지 뭐야. 허허허."

이런 질문에 색깔이 부장님과 어울리지 않는다는 둥 요즘 유행하는 디자인이 아니라는 둥 부정적인 답변을 할 수 있을까? 이 역시 저항하기 어려운 폐쇄적인 질문이라 하겠다.

질문은 질문만으로 완성되지 않는다. 상대방으로부터 무언가 답변을 들어야 비로소 완성 여부가 결정된다. 그런데 어떤 답변을 얻어낼지는 질문을 어떻게 하느냐에 따라 어느 정도 정해진다. 폐쇄적인 질문을 하면 답변자도 폐쇄적으로 답변할 수밖에 없다. 질문이 개방적일수록 답변하는 사람도 개방적인 답변을 하게 된다. 상황에 따라 이를 적절히 활용할 수 있어야 한다.

프로라면 프로다운 질문을 해야 한다. 그 바탕에는 사실에 관한 정확하고도 풍부한 지식이 있다. 아는 만큼 보인다고 했다. 잘 아는 사람은 거짓 답변이나 정보로 설득하기 힘들다. 그렇다고 해서 그 분야를 파고들어 방대한 지식이나 정보를 갖추라는 것은 아니다. 조금만 더 알아도 상대방으로부터 훨씬 더 좋은, 훨씬 더 많은 정보를 이끌어낼 수 있다. 사실 자신이 원하는 정보를 100% 제공하는 상대를 만나기란 매우 어렵다. 그래서 정보를 획득하려면 추론의 과정이 더해져야 한다. 검사의 수사 과정에 일정한 패턴과 절차가 있듯이, 세상의 모든 일에도 각각의 패턴과 절차가 있다. 이를 잘 살펴보면 언제 어떤 일이 벌어질지 대략적으로나마 예측이 가능하다.

아무런 배경지식도 갖추지 않은 채 무턱대고 들이대다가는 무모하다는 소리밖에 듣지 못한다. 고수는 질문하는 사람의 질문 수준을 염두에 두고 답변 내용을 마음대로 조절한다는 사실을 명심해야 한다.

검사의 대화법

질문은 질문만으로 완성되지 않는다.

상대방으로부터 무언가 답변을 들어야

비로소 완성 여부가 결정된다.

그런데 어떤 답변을 얻어낼지는

질문을 어떻게 하느냐에 따라

어느 정도 정해진다.

대답으로 설득하라

'야호! 즐거운 점심시간이다! 오늘은 무엇으로 나의 미각을 호강시켜줄까?' 고민에 고민을 거듭하다가 마음 맞는 동료들과 함께 점심을 먹으러 회사에서 조금 떨어진 곳에 있는 식당을 일부러 찾아갔다. 역시 맛집이라 그런지 식당은 손님들로 가득했다. 메뉴를 확인한 다음 간신히 만두전골을 주문했다. 조금 후에 종업원이 음식을 가져와 휴대용 버너 위에 올려주면서 말했다.

"다 익혀서 나온 거니까 국물이 끓기 시작하면 드셔도 됩니다."

종업원이 알려준 대로 국물이 끓기 시작하자 너도 나도 앞다투어 맛있는 만두전골의 세계에 빠져들었다. 그런데 전골냄비에 국물만 남을 즈음 뭔가 좀 서운한 기분이 들었다. '양이 좀 모자란 거 아냐? 아직도 음식을 갈구하는 내 위장을 위해 내가 해야 할 일이 남

검사의 대화법

아 있지 않을까?'라고 생각하며 추가 주문을 하기로 결정했다. 몇 번이나 종업원을 호출했지만 손님이 너무 많아서인지 쉽사리 오지 않았다. 겨우겨우 우리 차지가 된 종업원에게 추가로 주문할 수 있는 메뉴로 무엇이 있는지 물었다. 종업원은 볶음밥과 칼국수가 가능하다고 답했다. '고소한 볶음밥을 먹을까? 아니야, 전골국물에는 뭐니 뭐니 해도 칼국수가 딱이지' 하며 잠깐의 고민을 끝내고 칼국수 2인분을 추가로 시켰다. 잠시 후 칼국수 면을 가져와 남은 국물에 넣어주는 종업원에게 물었다.

"언제 먹으면 되죠?"
"면이 익으면 드세요."
"……"

순간 나와 동료들 사이에 정적이 흘렀다. 겉으로 보기엔 이 질문과 대답에는 이상한 부분이 없다. 면이 익어야 먹을 수 있다는 건 아주 당연한, 그야말로 정답 중의 정답이기 때문이다. 게다가 누구나 다 아는 사실이기도 하다. 하지만 종업원의 말은 적절한 대답이 아니다. 정확히 말하면 질문의 의도를 파악하지 못한, 질문과 동떨어진 대답이다. 하나 마나 한 대답인 셈이다. 손님은 면이 익은 것을 어떻게 알 수 있는지 궁금해서 이런 질문을 했을 것이다. 그 의도를 제대로 파악했다면 종업원의 대답은 다음과 같은 것이었어야 한다.

"국물이 끓기 시작하면 드세요."

"건더기가 떠오르면 그때 드세요."

그런데 앞선 대화에서 종업원의 대답은 어땠는가? 자신의 입장에서는 정답을 이야기했다고 할 수 있을지 몰라도 손님의 입장을 전혀 배려하지 않은 것이다. 이 종업원은 손님의 궁금증을 전혀 풀어주지 못했다. 결국 손님은 면발 하나를 집어서 직접 먹어본 뒤에야 면이 익었는지, 안 익었는지 확인할 수 있었을 것이다.

상대방의 물음에 지극히 당연한 대답을 하는 것만큼 식상한 것은 없다. 아마 그런 답을 원했다면 묻지도 않았을 것이다. 답이란 상대방이 원하는 구체적인 정보를 제공하는 것이다. 나아가 그 구체적인 정보를 통해 상대방을 설득할 수 있어야 한다. 그렇지 않으면 상대방으로부터 신뢰를 얻는 데 실패하게 된다. '면이 익으면 드세요'라는 답을 듣는 순간, 손님은 '종업원이 초짜라서 음식을 잘 모르는 거 아냐?'라고 생각할 것이다. 그렇게만 생각해준다면 다행일지도 모른다. 만일 그 종업원의 대답으로 인해 그 식당을 불친절한 곳으로 기억하게 된다면 어떨까? 그 답은 굳이 이야기하지 않아도 알 것이다.

이런 답변은 음식점에서만 들을 수 있는 게 아니다. 우리가 하는 모든 대화 속에 이런 알맹이 없는 답변들이 숨어 있다. 몸이 아파 병원 응급실로 달려가 진료 순서가 돌아오길 기다리던 환자가 간호사에게 물었다.

"CT 촬영은 언제 하나요?"
"네, 촬영실에서 연락이 오면 찍을 겁니다."
"……."

간호사가 상냥한 목소리로 살짝 미소까지 지으면서 대답해주었지만, 그 대답이 과연 환자가 듣고 싶었던 것이었을까? 정신없고 북적거리는 응급실에서 분주하게 움직이는 의사나 간호사에게 환자가 '그 연락이 오는 데 얼마나 걸릴까요?'라고 되묻기란 쉽지 않다. 앞선 질문을 하며 환자는 최소한 다음과 같은 답을 들을 수 있길 기대했을 것이다.

"네, 보통 20분 정도 기다려야 하는데 오늘은 대기자가 많아서 한 시간 정도 기다리셔야 될 수도 있습니다."

검사로서의 경력이 일천한 시절의 일이다. 어느 날 검사장을 모시고 부별로 식사를 하게 되었다. 당시 나는 성폭력 사건과 강력 사건, 그에 따르는 피해자 지원 업무를 주로 맡고 있었다. 식사를 마치고 검사장께서 검사들에게 하나씩 질문을 하기 시작했다. 그냥 일상적인 취미나 가족관계에 대한 것이었다. 드디어 내 차례가 되었다.

"양 검사는 피해자 지원 업무를 맡고 있군. 이번에 새롭게 만들
어진 업무라 좀 생소할 거야. 그래, 피해자 지원이라는 게 어떤
일을 하는 거지?"
"네, 범죄 피해자들을 지원하는 업무를 말합니다."
"……."

아, 이 무슨 멍청한 답변이란 말인가! 검사장이 '피해자 지원'
이라는 단어의 뜻을 몰라 나에게 질문을 했을 리는 없다. 다행히도
인격이 고매하신 검사장께서는 어떤 질책이나 추가적인 질문 없이
다른 사람에게로 관심을 옮기셨다. 그날의 대답은 훗날 오래도록
내 가슴에 남았다. 되새기면 되새길수록 정말 바보 같은 대답이었
다는 생각이 들었던 것이다. 검사장께서는 피해자 지원 업무의 구
체적인 내용이나 처리 절차 등이 궁금했을 것이다. 그러니 나는 적
어도 다음과 같은 대답은 했어야 했다.

"네, 범죄로 피해를 입은 사람들이 병원에서 적절한 치료를 받
을 수 있도록 지원하고, 지낼 곳이 마땅치 않으면 주거지도 마
련해줍니다. 또 추가적인 피해의 우려가 있을 경우에는 신변
보호조치를 취하고, 정신적인 피해를 입은 사람은 협력 병원과
연계해서 트라우마를 치료할 수 있도록 돕습니다."

검사의 대화법

그래야 내가 업무를 잘 파악하고 있고 사안에 따라 적절히 대처하고 있다는 것을 보여줄 수 있다. 그렇게 함으로써 검사장으로부터 신뢰를 얻고, 검사장께서 안심하고 내게 업무를 맡기도록 만들 수 있는 것이다.

이처럼 일상 속 작은 대화에서도 상대방의 의도를 파악하고 그에 맞는 대답을 할 필요가 있다. 적절한 대답은 상대방의 호응과 신뢰를 이끌어낸다. 만약 상대방으로부터 같은 질문을 여러 번 받는다면, 현재 그 사람으로부터 신뢰를 얻지 못하고 있다는 뜻일 수도 있다. 그럴 때는 자신의 답변 방식에 대해 심각하게 고민해봐야 한다.

그렇다면 적절한 대답은 어떻게 할 수 있을까? 먼저 질문자가 질문을 한 의도를 생각해봐야 한다. 이때 상대방이 어떤 직업을 가지고 있는지, 어떤 지위에 있는지, 그 자리는 어떤 특징을 지니는지 등을 파악한다면 상대방이 어느 정도의 정보를 가졌는지 알 수 있다. 이를 파악하면 대답하기가 무척 쉬워진다. 때로는 상대방이 나보다 훨씬 많은 정보를 보유하고 있을 수도 있다. 그런 경우에 상대방을 설득하기 위해 얕은 정보나 지식을 내세우는 것은 석유통을 안고 불길 속으로 뛰어드는 것과 마찬가지다. 잘 모를 때는 어설프게 아는 척하는 대신 자신의 무지를 솔직하게 고백하고 정답을 구하는 게 상대의 마음을 얻는 데 효과적이다.

일상 속 작은 대화에서도
상대방의 의도를 파악하고 그에 맞는
대답을 할 필요가 있다. 적절한 대답은 상대방의
호응과 신뢰를 이끌어낸다. 만약 상대방으로부터
같은 질문을 여러 번 받는다면,
현재 그 사람으로부터 신뢰를 얻지 못하고
있다는 뜻일 수도 있다.

쓸데없는 장황한 대답도 신뢰를 떨어뜨리는 요인 중 하나다. A를 이야기하면 Z까지 꿰뚫어 볼 능력이 있는 사람에게 A부터 E까지 하나하나 이야기하는 것만큼 지루한 대화도 없다. 자신이 이미 다 아는 내용을 중언부언하면서 반복하는 말에 흥미를 느끼고 귀 기울여줄 사람이 얼마나 될까? 이런 답변은 대화의 집중력을 떨어뜨린다. 눈빛만 봐도 통하고 같이 있기만 해도 즐거운 연인이나 친구 사이가 아니고서야 무료한 대화를 참아가며 긍정적인 관계를 이어가기는 어려운 일이다. 반면에 A부터 E까지 차근차근 이야기했을 때 그중 A, B, C만 알아듣는 사람과 대화를 나누는 상황에서는 좀 더 자세히 설명해야 한다. A, B, C, D, E를 넘어 F, G까지 알려줘야 내가 원하는 만큼 이해해줄 것이기 때문이다. 그래야 제대로 된 답변을 했다고 볼 수 있다.

때때로 충분하고 적절한 설명을 하는 것이 법적 의무인 경우가 있다. 혹은 법적인 의무가 아니더라도 불충분한 설명으로 인해 법적인 책임을 지게 되는 경우도 있다. 주로 의사, 변호사, 회계사와 같이 전문적인 업무를 처리하는 사람들이 이러한 '설명 의무'를 지닌다. 이들이 설명을 해줘야 하는 대상은 대개 그 분야의 전문 지식을 가지고 있지 않은 일반인들이기 때문이다. 의사나 변호사가 환자나 의뢰인에게 충분한 설명을 하지 않았을 경우, 단순히 '그 의사(변호사) 정말 불친절하더라!'라는 불평으로 끝나지 않고 법적 분쟁으로 이어지기도 한다. 이는 조금 특수한 직업군의 이야기이지만,

꼭 법적인 책임을 지는 경우가 아니더라도 내가 일하는 분야에 관해서는 상대방의 의문을 풀어줄 정도의 설명을 제공할 수 있어야 한다. 이는 곧 자신의 직업에 대한 소명 의식이자 자부심이다.

의도보다 표현

아직까지는 대한민국에서 법조인이라고 하면 어려운 과정을 거쳐 자격을 취득한 사람으로 대우해주는 것 같다. 사법시험에 합격했든 법학전문대학원(로스쿨)을 통해 변호사 자격시험에 합격했든 나름대로 제법 열심히 공부한 사람으로 평가해주는 것이다. 그래서 그런지 법조인의 자식들은 공부에 대한 스트레스가 크다는 이야기도 있다. 아빠나 엄마가 시험에 관련해서는 학창 시절부터 일가견이 있다 보니 그 사실에 아이들이 좀 위축된다고들 한다.

법조인들 사이에서도 자녀의 교육은 매우 민감한 문제다. 고등학교 3학년 아이를 가진 동료에게 자녀가 대학에 합격했는지, 어느 대학에 들어갔는지를 묻기는 쉽지 않다. 그저 누구네 아이가 원하는 대학에 갔다는 소식이 들려오면 축하를 전하는 정도다. 그렇다면 법조인의 자녀들 중에 어느 직역 부모를 둔 아이들이 공부를 제일 잘할까? 물론 일반화해서 생각할 수는 없겠지만 직역별 특징과 그간 필자의 경험에 비추어 한번 추측해보려 한다.

먼저 판사네 집이다. 판사의 일이라고 하면 통상 재판을 하는 모습을 떠올린다. 그렇다고 판사가 일주일 내내 재판만 하는 것은 아니다. 법정에서 재판을 하는 것은 일주일에 2~3일 정도다. 나머지 날에는 재판을 준비하기 위해 당사자들이 제출한 서면 자료도 봐야 하고, 지난번 재판 기일에 있었던 일을 서류로 옮겨 기록하는 작업도 해야 한다. 사실상 하루 종일 서류에 파묻혀 있는 것이 판사다. 재판이 길어지면 일과 시간을 훌쩍 넘길 때도 있다. 중요한 증인을 심문하는 날에는 밤 12시가 다 되어서야 재판이 끝나기도 한다. 그래도 재판이 없는 날에는 시간을 사용하는 게 비교적 자유롭다. 가끔은 조금 일찍 귀가하는 날도 생긴다. 하지만 기본적으로 업무가 많다 보니 재판 기록을 싸들고 집으로 들어가는 일도 제법 잦다.

어느 판사 남편이 모처럼 집에 와서 저녁을 먹었다. 아내는 이때다 싶어 자녀들의 학업 이야기를 꺼냈다.

"옆집 영재네 아빠 말야, 우리나라에서 제일 잘나간다는 ○○그룹에 다니잖아. 이번에 연말 성과급을 받았는데, 그게 연봉만큼이나 되더래. 그래서 그런가, 영재는 한 달에 몇 백만 원짜리 족집게 학원에 보낸다네."

이 말은 무슨 뜻일까? '우리 아이들도 비싼 유명 학원에 보내야 하지 않겠느냐'며 은근한 압박을 주는 것 아닐까. 이런 대화가 시작되면 남편은 챙겨온 기록들을 꺼내볼 생각조차 하지 못한다. 서류들이 든 가방은 현관 앞에 고이고이 모셔둔다. 식사를 마치고 난 후 조용히 아이들의 방으로 간다. 소싯적에 공부로 이름깨나 날렸던 실력을 발휘해 아이들을 직접 가르치려는 것이다.

다음으로 변호사네 집이다. 변호사의 주요 업무 중 하나는 의뢰인의 스트레스를 대신 겪는 일이다. 변호사는 자신이 판단을 내리는 것이 아니라 검찰이나 법원으로부터 판단을 받는 입장에 있다. 그래서 '어떻게 해야 의뢰인에게 유리한 판단을 받아내어 승소할 수 있을까?'를 매일같이 고민하며 어마어마한 스트레스를 받는다. 의뢰인들의 전화에 항상 노심초사하게 되고, 때로는 의뢰인을 만나 끝없는 하소연을 들어야 할 때도 있다. 국가에 소속된 판사나 검사와는 달리 변호사의 수입은 개인의 능력과 환경에 따라 편차가 크다. 요즘은 변호사 수가 많아져 경쟁이 심해지는 바람에 사무실 운영비를 충당하기 어려운 변호사들도 제법 많다고 한다. 하지만 몇 년 전만 해도 변호사는 고수익 직종을 따질 때 변리사, 회계사 등과 더불어 빠지지 않고 등장하는 직업이었다.

변호사인 남편이 웬일로 집에 일찍 들어오자 아내가 옆집 영재는 족집게 학원에 다닌다는 이야기를 꺼냈다. 과연 변호사 남편은 어떻게 반응할까? 일 때문에 이미 너무 많은 스트레스를 받고 있는 남편은 아이들의 공부를 봐줄 여유가 없다. 오히려 아이들에게 기록을 보여주면서 서면을 대신 써달라고 하고 싶은 마음이다. 공부를 잘한다고 재판에서 이기는 비결을 얻는 것도 아닌데, 굳이 공부를 그렇게 열심히 해야 하느냐고 한마디 쏘아붙이고 싶기도 하다. 하지만 그랬다가는 집안일에 관한 모든 재판권을 가진 아내한테 된통 당할 게 뻔하다. 마음을 가라앉히고 아내에게 점잖게 이야기한다.

"그래? 그 학원 학원비가 얼만데? 내가 내일 돈 보내줄 테니까 당장 학원 등록해!"

아, 이 얼마나 멋지고 능력 있는 남편인가!

마지막으로 검사네 집이다. 검사는 항상 일에 찌들어 있다. 사람이 있는 곳에 분쟁이 있다더니, 사건은 정말 깊은 샘의 물처럼 마를 줄을 모른다. 때로는 퇴근도 눈치를 봐가며 해야 한다. 조사 대상자가 직장인인 경우에는 '출근해야 하니 퇴근 후나 주말에 조사를 받게 해달라'는 요구도 심심찮게 받는다. '나도 직장인인데……'라는 생각이 들기는 해도 어쩔 수 없이 늦은 저녁까지 퇴근하지 못하고 기다리거나 주말에 출근해서 조사를 진행한다. 가끔은 술도 한

검사의 대화법

잔해야 한다. 윗분들이 주재하는 자리에 참석해야 할 때도 있고, 동료들끼리 모여 윗분들 뒷담화를 나누는 재미도 쏠쏠하다. 이러니 일찍 퇴근하고 싶어도 할 수가 없는 것이다.

집에 들어갈 때면 늘 피곤에 절어 있거나 사건에 절어 있다. 아내로서는 남편에게 말을 걸 기회조차 없다. 옆집 영재네 이야기를 할 틈이 없는 것이다. 자녀들을 족집게 학원에 보낼 만큼 수입이 많지도 않다. 공무원들 중에서야 나름 많은 급여를 받기는 해도 한 달에 몇 백만 원씩 하는 고액 학원에 보낼 정도는 아니다. 그렇다고 '내가 왕년에 공부 좀 했는데' 하면서 아이들을 직접 가르칠 수도 없다. 새벽별 보고 출근해서 저녁달 보며 퇴근하는데 아이들을 볼 시간이 어디 있겠는가? 아이들 생각을 하면 잠든 얼굴 말고는 떠오르는 게 없다는 검사도 있는데.

그렇다면 다시 앞의 질문으로 돌아가보자. 판사, 변호사, 검사를 부모로 둔 아이들 중 누가 공부를 제일 잘할까? 정답은 검사네 아이들이라고 한다. 왜 그럴까? 검사를 아빠로 둔 아이들은 위기의식이 강하다. 그것도 아주 강하다. 아빠가 가정에 소홀할 수밖에 없다는 것을 아이들도 느낀다. 스스로 삶을 개척하지 않으면 죽도 밥도 안 된다는 것을 어렸을 때부터 체험한다. 일종의 조기교육이라고 해야 할까? 그래서 독하게 공부하지 않으면(꼭 공부만이 인생의 정답은 아니지만) 사회에서 살아남기가 녹록치 않다는 것을 본능적으로 깨닫는다. 그런 위기의식이 아이들을 일찍이 철들게 한다. 그래서 법조계에서는 검사 부모 아래 자란 아이들은 <u>스스로</u> 체득한 생존 본능에 의해 공부를 잘한다는 이야기가 농담 반 진담 반으로 떠돈다.

황당한 씨는 소위 말하는 '스카이 대학교' 중 한 곳을 졸업하고 사법시험에 합격해 검사가 되었다. 남들이 부러워하는 학교를 졸업하고 남들이 부러워하는 직업을 가진 셈이다. 황당한 씨는 결혼 후 1남 1녀를 낳아 남부럽지 않게 키웠다. 아이들은 밖에 나가 대놓고 말하진 않아도 아빠가 검사라는 걸 내심 자랑스러워했다. 시간이 흘러 큰아이가 고등학교 3학년이 되었다. 아이는 어렸을 때부터 매우 성실했고, 부모님과 선생님의 말씀을 잘 듣는 모범생이었다. 이따금 학교에 가서 선생님과 면담을 하면 '모범생 중에 모범생'이라는 칭찬을 듣곤 했다.

딱 하나 부족한 게 있다면 학업 성적이 높지 않다는 점이었다. 그렇다고 노력을 하지 않는 건 아니었다. 아니, 누구보다도 열심히 노력했다. 밤늦게까지 야간 자율 학습을 하고 집에 돌아와서도 반드시 새벽 2~3시까지 책상 앞에 앉아 있었다. 노력에 비해 성적이 나오지 않으니 언제부터인가 아이가 침울해지기 시작했다. 황당한 씨는 아이가 너무나 안쓰러웠다. '공부 그까짓 게 뭔데 착한 우리 애를 이렇게 괴롭힐까'라는 생각까지 들었다.

검사의 대화법

황당한 씨는 아이에게 위로가 필요하다고 생각했다. 며칠 눈치를 보다가 마침 아이가 집에 있는 일요일 저녁을 골라 모처럼 가족끼리 외식을 하고 집에 들어왔다. 아이는 돌아오자마자 다시 제 방으로 들어가 책상 앞에 앉았다. 황당한 씨도 아이의 뒤를 따라 들어갔다. 그리고는 아이를 위로하기 위해 나직하고 조용한 목소리로 말을 건넸다.

"모범아! 공부가 어렵니?"
"……."

잠시 정적이 흐르더니 아이의 눈에서 눈물이 주르르 흘렀다. 황당한 씨는 아이를 위로하려 꺼낸 말이었지만 아이에게는 '공부가 뭐 별거라고 그렇게 못하느냐'라는 의미로 들렸기 때문이다.

말을 할 때는 의도보다 더 중요한 게 있다. 바로 표현이다. 그렇지 않아도 아이는 죽을 둥 살 둥 최선을 다해 애쓰며 공부하고 있다. 아빠는 검사인데 자신은 공부를 잘하지 못한다는 콤플렉스도 한몫했을 것이다. 그런데 거기다 대고 공부가 그렇게 어렵냐고 하다니! 의도와는 달리 상대를 고려하지 않은 표현으로 인해 황당한 씨는 아이와의 사이만 더 서먹해져버리고 말았다.

취업을 하지 못해 힘들어하는 사람에게 '취직이 그렇게 어렵나?'라고 말하면 상대의 기분은 어떨까? 시험에 떨어져 낙담하는 사람에게 '그 시험 합격률이 높던데……'라고 하거나 결혼하고 싶지만 연애를 잘하지 못하는 사람에게 '결혼 그거 별거 아냐!'라고 한다면?

무심코 뱉은 말이 듣는 사람의 가슴에 비수로 꽂힐지도 모른다. 나에게 쉬운 것이라고 해서 남에게도 쉬운 것은 아니다. 또 나에게 중요하지 않은 것이라고 해서 남에게도 중요하지 않은 것이 아니다. 그러니 선의의 말이라도 상대의 입장에서 고르고 다듬은 표현으로 건네야 한다. 나의 일만큼 남의 일을 소중히 여기는 말 한마디가 종종 천금보다 더 큰 가치를 지닌다. 의도는 평가되지 않는다. 평가되는 것은 우리가 주고받는 '말', 즉 표현이다.

나의 일만큼 남의 일을

소중히 여기는 말 한마디가

종종 천금보다 더 큰 가치를 지닌다.

의도는 평가되지 않는다.

평가되는 것은 우리가 주고받는 '말',

즉 표현이다.

회의적인 회의를 하지 않으려면

지방의 조그만 검찰청에서 청장으로 일하던 시절이었다. 사회생활을 하다 보면 여러 가지 상황에서 내 생각을 말하는 법을 익히게 된다. 회의에서 의견을 내거나 술자리에서 건배사를 하거나 하면서 말이다. 검사도 그렇다. 본래 말주변이 없는 나도 어찌어찌 검사 생활을 견뎌오며 몇 가지 말하는 법을 터득했다. 그런데 한 조직의 책임자가 되어 하는 '말'은 또 달랐다. 검사를 비롯해 수사관, 실무관, 행정관 등 여러 직역에 있는 사람들에게 제법 그럴 듯해 보여야 한다. 솔직히 직원들이 청장의 말에 늘 귀를 쫑긋 세우지는 않는다. 그럼에도 책임자는 꿋꿋하게 말해야 한다. 좀 더 뻔뻔하게 직원들의 귀를 간질이고, 좀 더 넉넉하게 직원들의 눈길을 받아내야 한다. 그렇게 하려면 말에 품격이 있어야 함은 물론, 그 내용 또한 지겨워서는 안 된다.

조직 내에서뿐만 아니라 각종 기관장 회의나 지역 유지들과

검사의 대화법

의 모임에서도 마찬가지다. '검찰청장'이란 직함을 달고 그런 모임에 가면 참석자들과 돌아가면서 인사를 나눌 때 어떤 유의미한 말을 해주기를 기대하는 눈길들을 받을 때가 더러 있다. 그렇지만 사람이 어떻게 매일 다른 말을, 그것도 마음에 남는 말을 하는 동시에 의미와 품격까지 갖출 수 있단 말인가. 당시 내가 근무하던 검찰청에는 두 달에 한 번씩 공식적으로 모든 직원이 모이는 직원 조회가 있었다. 회식 자리에서야 눈앞에 음식과 술이 있으니 고리타분한 말들을 그나마 들어줄 만하다. 하지만 정기적이고 공적인 전체 행사에서까지 재미없는 설교에 귀를 기울여줄 직원은 거의 없을 것이다. 부처님 가운데 토막쯤 되는 성품의 소유자라면 모를까.

그렇다고 직원 조회를 없앨 수는 없는 노릇. 고민 끝에 묘안을 하나 짜냈다. 조회 시간에 나는 아무 말도 하지 않기로 한 것이다. 대신 직원들 중에서 3~4명을 선정해 연단에 올라가 연설을 하도록 했다. 연설이라고 해서 거창한 게 아니라 아무런 주제도 아무런 형식도 정하지 않고 그저 하고 싶은 이야기를 하는 것이었다. 다만 말이 너무 길어지면 안 되니 시간만 3분 내외로 제한했다.

이 내용이 공지되자마자 직원들은 난리가 났다. 내 귀에까지 들려오진 않았지만 아마 '돌+아이 같은 사람이 청장으로 오더니 별 특이한 방법으로 직원들을 괴롭히네!'라고 생각하는 직원도 있었을 것이다. '직원 조회는 두 달에 한 번 있으니까 1년이면 여섯 번이겠지. 매번 3명씩 연설을 한다면 18명, 4명씩 한다면 24명만 하면 되겠다'라고 발 빠르게 계산하는 직원도 있었다. 청장의 임기는 보통 1년 남짓이니 그 시간만 잘 견디면 된다고 생각해 계산해본 것이다. 또 서열이 아래인 직원들이 먼저 하도록 알게 모르게 떠미는 경향도 있었다. 그러나 나도 그리 호락호락하진 않았다. 직원 조회 방식을 바꾸기로 한 첫 달, 마지막 연설자의 말이 끝나자마자 기습 공격을 감행했다. 연단에 오른 직원들에게 약간의 격려금을 수여한 것이다. 그러자 직원들의 표정이 조금 누그러진 것 같았다. 3분 동안의 스피치로 가족들과 치킨에 맥주 한 잔 정도는 충분히 먹을 수 있는 과외 소득을 얻게 된다면 누구라도 마음이 좀 풀리지 않을까?

어쨌든 이 시도는 내가 떠날 때까지 계속되었다. 초기에는 뭐라도 있어 보여야 한다는 생각에 검찰 직원으로서의 마음가짐이나 사건관계인에 대한 태도 등 다소 딱딱한 주제를 다루는 직원들이 많았다. 하지만 시간이 지나 연설의 내용에 아무런 제약이 없다는 것을 확인하자 자신의 개인적인 이야기를 꺼내는 직원들이 점점 많아졌다. 아이의 유전병으로 인한 아픔을 담담하게 털어놓는 직원도 있었고, 어느 날 통근 버스를 타고 가다가 차창에 비친 자신의 어두운 표정을 보고 변화가 필요하다고 느껴 표정을 밝게 고쳤다는 직원도 있었다. 직원들이라고 해봐야 30명이 조금 넘는 조그마한 검찰청이었는데도 그동안 몰랐던, 마음속에 담아두기만 했던, 혹은 말하고 싶었지만 기회가 없었던 이야기들이 제법 많았다. 연설 시간도 대폭 늘어났다. 처음에는 주어진 3분을 채우기도 버거워 보였는데, 나중에는 10분을 넘기기 일쑤였다. 조회 시간이 길어져도 동료들의 생생한 이야기에 직원들 모두 지겨운 줄 모르고 재미있어 했다.

효과는 기대했던 것보다 훨씬 컸다. 직원들 간 마음의 거리가 조금 더 가까워진 건 당연한 일이었다. 하루 중 가족들보다 더 오랜 시간을 함께 보내면서도 그간 쉽사리 나눌 수 없었던 이야기들을 들을 수 있었기 때문이다. 나아가 연단에 올라 스스로에게 한 약속에 대해 책임을 지려는 노력이 보였다. 누가 시켜서 한 게 아니라 자발적으로 한 다짐이었기 때문이다. 아울러 연설 내용이 다른 직원들에게 미치는 영향력도 더 크고 긍정적이었다. 청장이 시킨 것이 아니라 동료 직원이 자신의 경험을 바탕으로 같은 눈높이에서 하는 이야기에 공감도가 훨씬 높아졌던 것이다.

어느 조직에서든 회의는 필수다. 그런데 회의라는 게 참석자가 많으면 많을수록 비효율적일 수밖에 없다. 참석자가 많아지면 대부분 형식적인 세리머니나 지시 사항 위주로 회의가 진행된다. 꼭 그렇지 않더라도 기본적으로 회의會議가 많은 조직만큼 회의懷疑적인 조직은 없다고 해도 지나친 말이 아니다. 회의가 많다는 것은 그만큼 해결해야 할 문제가 많다는 뜻이기 때문이다. 또한 무언가를 결정해서 책임지기 싫어하는 사람이 많은 조직이라는 뜻이기도 하다. 투자한 시간만큼 좋은 효과를 거두기가 어려운 것이 바로 회의다.

기본적으로 회의會議가 많은 조직만큼
회의懷疑적인 조직은 없다고 해도 지나친
말이 아니다. 회의가 많다는 것은 그만큼
해결해야 할 문제가 많다는 뜻이기 때문이다.
또한 무언가를 결정해서 책임지기 싫어하는
사람이 많은 조직이라는 뜻이기도 하다.

그래서 회의는 되도록 짧게, 요점만 전달하거나 논의하는 것이 좋다. 물론 모든 회의를 전부 없애거나 간소화할 수는 없다. 반드시 회의를 해야 하는 경우도 있다. 이때는 주재자의 진행 방식이 매우 중요하다.

예를 들어보자. 어느 날 출근을 해보니 부서별로 워크숍을 간다는 이야기로 회사가 들썩거렸다. 옆 부서에서는 벌써부터 워크숍 장소를 어디로 정할지 의견이 분분했다. 그런데 우리 부서는 아직까지 조용했다. 아마도 부장이 워크숍 관련 사항을 정식으로 전달받지 못해 알리지 않은 것 같았다. 아니나 다를까, 오전 간부 회의에 다녀온 부장이 만면에 미소를 한가득 머금고 사무실로 들어왔다. 평소에는 회의만 다녀오면 잔뜩 인상을 쓰곤 했는데 오늘은 좋은 이야기가 오간 게 틀림없어 보였다.

"사장님께서 지난 한 해 동안 다들 고생을 많이 해서 실적이 좋아졌으니 부서별로 워크숍을 다녀오라고 하시네. 장소는 각 부서에서 알아서 정하라고 하니까 다들 좋은 장소를 한번 생각해봐. 이따 점심시간에 의견을 취합할 테니."

직원들은 '와! 이게 몇 년 만의 워크숍이야. 간만에 바람 좀 쐬겠는걸' 하며 삼삼오오 모여 들뜬 마음으로 워크숍 장소를 고민했다.

"산보다는 아무래도 바다가 좋겠지?"

"통영이 좋을까, 아님 강릉이 좋을까?"

"통영은 좀 멀지. 강릉이 낫지 않겠어? KTX 타고 가면 되잖아."

"강릉으로 가면 숙소는 어디로 정할까?"

그렇게 대화를 나눈 결과, 직원들은 강릉 경포해변 부근의 콘도나 호텔로 가기로 정하고 점심시간에 부장께 말씀드리기로 했다. 드디어 기다리던 점심시간이 되었다. 부장과 함께 회사 근처의 중국집으로 가서 원탁에 둘러앉았다. 음식을 주문하고 기다리는 동안 부장이 워크숍 이야기를 꺼냈다.

"오전에 말한 워크숍 장소는 생각들 해봤어? 나는 관악산이 좋
  을 것 같던데. 아니면 북한산도 좋고."

"……."

대부분의 회의에서는 주재자가 먼저 자기 의견을 표시하지 않는 것이 좋다. 특히 여러 안 중 하나를 골라야 되는 단순한 회의가 그렇다. 주재자가 의견을 내는 순간 그것이 그 회의의 결론으로 결정될 가능성이 높기 때문이다. 그렇지 않으면 다른 직원들이 논의도 하기 전에 먼저 '나는 관악산!'을 외치는 부장과 같은 '꼰대'가 되어버린다. 물론 주재자의 적극적인 참여가 필요한 회의도 있다.

동등한 지위의 사람들이 모여 실질적인 논의를 통해 결과물을 만들어내야 하거나 새로운 아이디어를 짜내야 하는 회의인 경우다. 그런 회의가 아니라면 주재자는 최대한 자신의 의견을 아끼는 것이 좋다. 회의 주재자의 역할은 가끔씩 분위기를 가볍게 만들어주는 정도면 충분하다.

회의가 아닌 다른 대화에서도 마찬가지다. 윗사람의 의견이 너무 강하면 대화라고 볼 수 없는 지경에 이르는 경우가 많다. 대화가 아닌 지시가 되어버리는 것이다. 사실 사람은 누구나 자신의 이야기를 하고 싶은 욕망을 가지고 있다. 신입 사원 시절에는 주로 듣는 역할에 그치다가 어느 정도 연차가 쌓이면 세상을 보는 자신만의 관점을 갖게 된다. 그래서 다른 사람의 이야기가 귀에 잘 들어오지 않는 대신 자신의 관점을 상대방에게 어떻게든 알리고 싶어 한다. 그에 따라 말이 많아지고 어조도 강해진다. 꼰대가 되고 싶지 않은 상사라면, 지시가 아닌 대화를 원하는 상사라면 자신의 의견을 피력하는 것은 되도록 자제하는 게 좋다. 그보다는 많이 들어야 한다.

'거시기'를 피하라

필자의 학창 시절 기억 속 교장 선생님은 아주 높고도 근엄한 분들이었다. 특히 운동장에 전교생을 모아놓고 조회대에 올라 아침 조회를 할 때면 그 위엄이 하늘을 찔렀다. 평범한 학생이 교장 선생님을 뵐 기회는 아침 조회 시간밖에 없으니 더욱 그랬던 것 같다. 당시 교장 선생님들의 주특기는 감동적인 연설이었다. 그중에서도 '마지막으로'라는 단어를 절대로 마지막이라는 뜻으로 사용하지 않는, 정말이지 놀라운 신공을 보여주셨다. 교장 선생님의 연설이 끝나기를 이제나 저제나 기다리던 우리는 교장 선생님의 입에서 '마지막으로'가 나오면 귀를 쫑긋 세우며 헛된 기대를 걸었지만, 토끼처럼 귀만 한껏 길어질 뿐이었다.

그런데 교장 선생님의 말씀 중에 '마지막으로'보다 더 내 귀에 걸리는 말이 있었다. 어떤 분은 '에에~~또오~~'라고 했고, 또 어떤 분은 '마아~~'라고 했다. 이 말을 하고 잠깐 뜸을 들이는 시간까지

검사의 대화법

합치면 연설 시간의 3분의 1은 차지하지 않을까 싶을 만큼 자주 사용하는 분도 계셨다. '저런 말만 하지 않으면 조회 시간이 훨씬 짧아질 텐데'라는 생각으로 연설 시간을 흘려보낸 적도 많았다.

그로부터 30여 년이 지나 검사가 된 후 일본에서 1년 동안 유학을 하면서 그 단어들의 실체를 비로소 알게 되었다. 일본어로 된 책들을 읽다가 '에에~~또오~~'나 '마아~~'가 일본 사람들이 말하는 도중 뜸을 들일 때 주로 사용하는 단어라는 사실을 발견한 것이다. 이를 알고 나니 일제강점기에 소학교를 다녔던 교장 선생님들이 일본인 선생님으로부터 배운 습관이었던 것은 아닐까 하는 생각이 들었다. 그런데 이런 말들을 교장 선생님들만 쓸까?

어느 낯선 도시에 갔다가 길을 물었던 적이 있다. 상대는 50대 후반으로 보이는 여성이었다.

"실례지만 말씀 좀 묻겠습니다. 검찰청에 가려면 어떻게 가야 하나요?"

"아, 검찰청이요. 저어~~기 보이시죠. 저어~~~기! 이~일~루 해서 저어~~기로 해서 쪼오~기로 가면 돼요."

"……."

그분은 나름대로 손짓과 몸짓을 섞어가면서 온몸으로 최대한 친절하게 설명해주었다. 손가락을 일직선으로 가리켰다가 구부리기도 하고, 몸의 방향을 좌우로 돌리기까지 하면서 말이다. 하지만 내가 들은 것은 '이~일~루', '저어~~~기', '쪼오~기'와 같은 정체를 알 수 없는 말들뿐이었다. 물론 제스처를 보고 그분이 말씀하시는 방향을 어렴풋이 짐작할 수는 있었다. 그렇지만 부정확한 말들로 가득한 설명을 듣고 나니 오히려 더 혼란스러웠다. 길을 물어보지 않은 것만 못하게 된 것이다. 그분이 다음과 같이 안내해주었더라면 어땠을까?

> "이 방향으로 쭉 가시다가 첫 번째 사거리에서 우회전을 한 다음 두 블록 더 가서 좌회전하시면 검찰청이 보일 거예요."

사람이라면 누구나 나이가 들면서 기억력이 떨어지는 현상을 자연스럽게 겪게 된다. 나만 해도 그렇다. 검사가 된 후 몇 년 동안은 동료 검사가 어떤 사건을 이야기하기만 해도 피의자의 이름이 바로 생각났다. 사건의 내용은 기본이고, 때로는 참고인의 이름과 그 사람이 한 진술 내용까지 머릿속에 떠올랐다. 동료 검사가 현재 수사하고 있는 사건의 참고인에 대해 이야기를 듣다가 '어! 그 사람 내 사건의 피의자인데'라고 알려주는 일도 종종 있었다.

그런데 세월이 흐를수록 참고인의 이름은 물론, 피의자나 사건의 내용도 기억나지 않는 일이 많아졌다. 심지어 내가 조사를 하고도 그런 조사를 한 사실이 있는지조차 까마득한 경우도 있었다. 어떤 생각을 문장으로 바꿔 입 밖으로 내는 일도 어려워지기 시작했다. 이쯤 되니 그때 그 여성이 길 안내를 해주며 '저어~~~기'나 '쪼오~기'라고 했던 이유가 이해되기도 했다. 어떤 단어가 떠오를 듯 말 듯 가물가물하면서 입안에서 맴돌기만 하는 것이다. 그 대신 이런 말이 자주 튀어나왔다.

"거시기 있잖아. 그 거시기 말이야. 아, 거참. 그 거시기이~~!"

그럴 때면 후배들은 내게 이렇게 이야기한다.

"아~ 네에~, 거시기요. 맞아요. 거시기!"

이런 후배들의 말에는 조금 놀리는 뉘앙스가 배어 있다. 나이를 먹으면서 거시기는 아주 친근한 느낌이 들 만큼 내 안에서 특별한 단어로 성장했다. 정확히 무슨 뜻인지, 구체적으로 무엇을 가리키는지 잘 알기에 위트로써 주고받는 말이 된 것이다.

어느 조직이든 조직원들이 선호하는 부서나 근무지가 있기 마련이다. 검찰 조직도 별다를 것이 없다. 검사들 사이에 근무지를 두고 떠도는 이야기도 많다. 어느 지역에 가면 고소 사건이 많고, 어느 지역에 가면 강력 사건이 많다는 식이다. 또 어느 도시에는 주민들이 집 안에 법전 하나 정도는 가지고 있다는 섬뜩한 소문(검사 입장에서는 이보다 무서운 이야기도 없다)이 떠돌기도 한다. 소문은 소문에 불과할 뿐이지만.

이른바 '법전 소문'이 도는 도시에 부임한 검사에게 고소 사건이 배당되었다. 경찰에서 1차 수사를 마치고 혐의가 없다는 의견으로 송치된 사건이었다. 기록을 검토해보니 형사적으로 피고소인에게 죄가 있다고 보기는 어려웠다. 그래도 혹시나 싶어 고소인의 이야기를 들어보기 위해 검찰청으로 나와달라고 요청했다. 검찰청으로 나온 고소인에게 억울한 점이 무엇인지 묻고, 더 제출할 서류나 증거가 있는지도 물었다. 고소인은 더 제출할 증거가 없다고 했다. 그래서 고소인에게 이 사건이 죄가 되지 않는 이유, 피해를 구제받을 수 있는 다른 방법 등을 자세히 설명해주었다. 설명을 다 들은 고소인은 '잘 알았다. 고맙다'라는 말을 하고는 집으로 돌아갔다.

일주일 뒤 이 검사에게 항고장이 하나 날아들었다. 그 고소인이 검사의 처분에 승복하지 못하겠다며 상급 기관인 고등검찰청에 재수사를 요청한 것이었다. 검사는 도저히 이해가 되지 않았다. 분명히 넘치도록 자세하고 친절하게 설명을 해주었고, 그 설명에 대해 '잘 알았다'는 답변까지 들었는데 불복이라니. 배신감마저 들 정도로 기가 막힌 일이었다. 검사는 선배들과 식사를 하면서 억울한 사정을 토로했다. 그러자 선배들이 크게 웃으며 그가 항고장을 받게 된 이유를 알려주었다. 선배들은 그 지역에서 '알았다'는 말은

검사의 대화법

다른 지역의 '알았다'와는 의미가 다르다고 말했다. 다른 지역에서 '알았다'는 'Understand'의 의미지만, 이 지역에서는 'Know'의 의미라는 것이다. 즉, 그 고소인이 말한 '알았다'는 '당신이 하는 말이 무슨 뜻인지는 알겠지만 나는 그렇게 생각하지 않는다'라는 뜻이었단 소리다.

앞서 말한 '저어~~~기'나 '쪼오~기'와 '거시기'의 공통점은 무엇일까? 그 단어의 품사가 대명사代名詞라는 점이다. 대명사의 사전적 정의는 '사람이나 사물의 이름을 대신 나타내는 말 또는 그런 말들을 가리키는 품사'다. 알긴 알지만 이름이 잘 기억나지 않으니 상대방이 기억해주기를 기대하면서, 혹은 내가 알고 있다는 사실을 상대방이 알아주기를 바라면서 하는 말인 셈이다. 이때 상대방이 잘 알아들어 그 뜻이 통한다면 아무런 문제가 없다. 하지만 그런 경우는 가뭄에 콩 나듯 드문 일이다. 도리어 쓸데없는 오해를 낳아 문제를 만들기도 한다.

그래서 중요한 대화를 나눌 때 대명사를 사용하는 것은 금물이다. 어떤 의미인지 서로 잘 아는 것 같지만, 실제로 대화를 복기해보면 서로 다른 의미로 받아들이기 일쑤이기 때문이다. 말할 때뿐만이 아니다. 보고서나 계약서를 쓸 때도 마찬가지다. '그'나 '저'와 같은 대명사들이 가리키는 단어나 문장이 어느 것인지 명확하지 않은 경우가 많다. 사실 법조인은 이런 애매한 지점을 좋아한다. 애매한 지점에서 분쟁이 시작되기 때문이다. 분쟁이 시작되어야 법조인이 먹고살 수 있는 싸움의 여지가 생긴다.

말이나 글이 명확하지 않으면 귀에 걸면 귀걸이, 코에 걸면 코걸이가 된다. 때로는 좋은 게 좋은 것이라고 대충 넘어가기도 하는데 그것이 실제로는 좋은 게 아닐 수도 있다는 의미다. 사기 사건을 잘 살펴보면 이런 '말의 애매성'이 사건의 핵심에 있는 경우가 꽤 많다. 나아가 애매한 말은 그 말의 신뢰도를 떨어뜨린다. 상대방의 입장에서 보면 무슨 뜻인지 제대로 설명받았다고 생각되지 않기 때문이다. 이는 팩트로 기억되어야 할 것들이 이미지로 기억되는 결과를 불러온다. 사적인 관계에서라면 몰라도 비즈니스의 세계에서, 프로의 세계에서 애매성은 치명상을 가져올 수도 있다.

잘 알고 있는 것처럼 거시기는 입버릇이다. 무슨 말을 하고 싶은데 적당한 말이 떠오르지 않으면 거시기를 쓰게 된다. 따라서 평소에 그런 습관이 들지 않도록, 혹여 이미 습관이 들었으면 고치도록 노력해야 한다. 대화를 하기 전에 미리 중요한 단어를 머릿속에 입력해놓는 것도 좋은 방법이다. 특히 비즈니스를 할 때나 대화의 주제가 정해져 있는 공식적인 석상에서는 키워드를 몇 개 준비해놓으면 도움이 된다.

예전에는 국가에서 치르는 고시 과목 중에 '국민윤리'가 있었다. 그런데 윤리에는 법학 과목처럼 어떤 정답이 있는 것이 아니다.

애매한 말은

그 말의 신뢰도를 떨어뜨린다.

상대방의 입장에서 보면

무슨 뜻인지 제대로 설명받았다고

생각되지 않기 때문이다.

이는 팩트로 기억되어야 할 것들이

이미지로 기억되는 결과를 불러온다.

수험생들에게는 공부를 할 수도, 안 할 수도 없는 계륵과 같은 과목이었던 것이다. 어쨌든 다른 과목과 똑같은 배점이 있고 최종 점수에 반영이 되는 과목인 만큼 무슨 수를 쓰든 점수를 잘 받아야 했다. 그 시절 사법시험을 봐야 했던 나는 요령을 좀 피우기로 했다. 철학자의 대표적인 격언 두세 개를 외워두기로 한 것이다. 예를 들면, '소크라테스－너 자신을 알라. 악법도 법이다. 이 세상은 정의에 의해 존재한다'와 같이 말이다. 그런 다음 비슷한 표현이 필요한 곳에서 외워둔 말들을 써먹었다. 결과는 어땠을까? 법학 과목보다 훨씬 높은 점수를 받았다.

이렇게 열심히 준비를 해도 키워드가 떠오르지 않는 경우가 있다. 이런 경우에는 조금 장황하더라도 좀 자세히 설명하는 방법이 있다. 말을 하는 동안 단어가 떠오르기도 하고, 상대방이 그 단어를 사용해주기도 한다.

말과 글은 말한 대로, 쓴 대로 꽂힌다. 가슴으로 쓰면 가슴에 꽂히고 머리로 쓰면 머리에 꽂힌다. 사람들은 '개떡같이 말해도 찰떡같이 알아들어야지'라는 말을 종종 한다. 참으로 개떡 같은 말이다. 듣는 사람은 개떡을 찰떡으로 바꾸는 신묘한 재주라도 있다는 것일까? 개떡같이 말하면 개떡처럼 들릴 뿐 절대로 찰떡처럼 꽂히지 않는다. 말에 신뢰를 더하려면, 그리고 분쟁을 피하려면 '거시기'를 피해야 한다. 무조건 피해야 한다.

정말과 거짓말

우리나라를 대표하는 한류스타 중 한 명이 마약을 투약한 혐의로 조사를 받았던 일이 있다. 그는 이전에도 여러 차례 같은 혐의로 조사를 받았지만 그때마다 온몸의 털을 제거한 채 나타났다. 몸에 난 털을 뽑아 투약 여부를 검사한다는 사실을 알고 있었기 때문에 검사를 제대로 하지 못하도록 사전에 조치를 취한 것이다. 그는 그런 방법으로 매번 법망을 피해갔다. 그렇지만 꼬리가 길면 밟히는 법. 그는 미처 제거하지 못한 몇 올의 털을 수사기관의 영장 앞에 바쳐야 했고, 검사 결과 그의 털에서 마약 성분이 검출되었다. 그런데 이에 대한 그의 반응은 모두의 어이를 상실케 했다.

"어떻게 해서 체내에 마약이 들어갔는지 알아보겠다."

내 몸에서 마약 성분이 나온 것은 인정하지만 나도 모르는 사이에 누군가가 마약을 넣었다는 뜻이었을까? 결국 구속되고 나서야 그는 스스로 마약을 투약한 사실을 자백했다. 자신의 의지에 의해 마약이 몸 안에 들어갔다고 인정한 것이다. 개인적으로는 그가 마약을 투약했다는 사실보다 누가 들어도 어설픈 거짓말을 했다는 사실이 그를 사랑해준 대중들에게 더 큰 실망을 안겨주었을 것이라 생각한다.

이처럼 검찰청은 거짓말이, 그것도 말도 안 되는 거짓말이 난무하는 곳이다. 조금 과장하면 검찰청에 조사를 받으러 온 사람들 중에서 거짓말을 하지 않는 사람은 아무도 없다. 오죽하면 숨 쉬는 것 빼고 입에서 나오는 모든 것이 거짓말이라고 평가받는 사람까지 있을 정도다. 형사사건의 경우 검찰에서의 조사를 통해 처벌을 받기도 하고 상대방이 처벌되기도 한다. 따라서 말이라는 창과 방패를 가지고 서로를 찌르고 막아야 한다. 죄가 되고 안 되고를 떠나 목숨 걸고 싸워 이겨야 되는 것이라고 생각하는 사람도 있다. 그러니 어찌 보면 검찰청은 거짓말을 하는 것이 당연한 곳이다. 심지어 피의자나 피해자가 아닌 제3자, 즉 참고인이나 목격자도 의식적이든 무의식적이든 어느 정도 사실과 다른 말을 한다. 심정적으로 응원하고 있는 사람에게 어떤 방식으로든 유리한 방향으로 이야기를 해주고 싶은 것이 사람의 심리이기 때문이다.

미국《워싱턴포스트》가 분석한 바에 따르면, 도널드 트럼프 대통령은 취임 이후 3년 6개월 동안 2만 번 이상 거짓말을 했다고 한다. 하루 평균으로 따지면 매일 16번의 거짓말을 한 것이다. 또 다른 연구에 따르면 사람은 하루에 200번가량 거짓말을 한다고 한다. 8분에 한 번꼴인 셈이니 하루 종일 거짓말을 한다고 해도 지나친 말이 아니다. 정치인들이 하는 거짓말 중 가장 유명한 것으로 '존경하는 의원님'이나 '의원직을 걸겠다'라는 말이 선정되기도 했다. 이와 같이 거짓말이 난무하는 가운데, 검사는 어떻게 진실을 찾아낼 수 있을까? 검사에게는 진실만을 가려서 듣는 귀가 있는 걸까? 그게 아니라면 피노키오처럼 거짓말을 할 때 코가 커지는 사람을 골라내는 훈련이라도 받을까? 다음의 사례로 그 답을 찾아보겠다.

권리만 씨는 교차로에서 신호를 위반해 좌회전을 하다가 때마침 바뀐 신호에 따라 반대편에서 직진하던 차량을 들이받았다. 수사기관에서 조사를 받던 권 씨는 자신이 신호를 위반한 사실을 계속 부인했다. 오히려 상대방이 신호를 위반했다고 주장했다. 상대방 차량의 블랙박스나 교차로에 설치된 CCTV는 모두 권 씨가 신호를 위반한 장면을 담고 있었음에도 권 씨는 막무가내였다. 이때 검사는 권 씨에게 어떤 질문을 던질까?

"이 영상에서는 권리만 씨가 진행하던 방향의 신호가 이미 바뀐 상태에서 교차로에 진입한 것으로 보이는데, 아닌가요?"
"아닙니다. 제가 이미 교차로에 진입한 상태에서 나중에 신호가 바뀐 겁니다. 제가 교차로에 진입할 때는 녹색 신호였습니다."

"거짓말하지 마세요."

당신이 권리만 씨라면 이런 검사의 말에 어떻게 반응하겠는가? 아무리 거짓말을 밥 먹듯이 하는 사람도 자신이 거짓말을 했다고 추궁당하면 본능적으로 웅크리거나 방어막을 더 세게, 더 강하게 치게 된다. 검사의 말에 반발심이 생길 수밖에 없다. 내가 권리만 씨라고 해도 '거짓말'이라는 단어 자체에 반감이 들어 어떻게든 신호 위반을 합리화하려 들 것이다. 그렇다면 질문을 이렇게 바꿔보면 어떨까?

"반대편 차로에서 주행하던 상대방 차량의 블랙박스 영상에서는 상대방이 신호가 바뀐 다음에 정상적으로 진입한 것으로 나타났습니다. 그렇다면 권리만 씨가 진행하는 방향에서도 이미 신호가 바뀌었을 것 같은데요. 이에 대해서는 어떻게 생각하시나요?"

"당시 교차로 설치된 CCTV 영상에서는 권리만 씨가 교차로에 진입하기 직전에 신호가 이미 바뀐 것으로 나오는데 이에 대해 어떻게 생각하시나요?"

권리만 씨에게 거짓말이라는 단어를 쓰지 않으면서 그가 주장하는 내용이 객관적인 사실과 다르다는 점을 알려주는 것이다. 이로써 권 씨는 스스로 신호를 위반한 사실을 인정할 기회를 얻는다. 검사의 입장에서는 상대방에게 약간의 퇴로를 열어준 것이다. 스스로 잘못 알고 있을지언정 일부러 거짓말을 하는 비양심적인 사람은 아니라는 최소한의 변명거리를 선물하는 방법이다. 이런 방식이 막무가내로 부인하는 사람을 상대로 거짓말이라고 몰아붙이는 것보다 훨씬 좋은 효과를 거두지 않을까.

'거짓말'이나 '가짜'라는 단어에는 평가의 의미가 들어 있다. 사실을 그대로 나타내는 말이 아니라는 뜻이다. 권리만 씨는 자신이 신호를 위반한 것이 아니라고 굳게 믿고 그렇게 이야기할 수도 있다. 그렇다면 그 말을 거짓말이라 할 수 있을까? 대부분의 다툼은 이처럼 사실관계가 아닌 이미지를 나타내는 말에 반응하는 과정에서 발생하고 커진다. '거짓말'은 사실이 아닌 것을 잘 알면서도 사실이라고 우길 때 쓰는 말이다. 하지만 우리는 사실이 아닌데 사실인 것으로 잘못 믿고 말하는 경우에도 '거짓말'이라는 단어를 쓰곤 한다. 그리고 보통 이 지점에서 의견 충돌이 일어난다. 내가 사실이라고 믿는 것을 상대방이 거짓말이라고 하는 것은 나를 파렴치한으로 모는 것과 같다. 대화를 하면서 그렇게까지 상대방을 몰아붙일 이유는 없다. 이는 협상의 기술이기도 하다.

논쟁도 마찬가지다. 어떤 주장을 하게 된 기본적인 사실관계를 잘못 알고 있는 경우가 있다. 이 경우에는 주장의 옳고 그름을 다툴

'거짓말'은 사실이 아닌 것을 잘 알면서도
사실이라고 우길 때 쓰는 말이다.
하지만 우리는 사실이 아닌데 사실인 것으로
잘못 믿고 말하는 경우에도 '거짓말'이라는
단어를 쓰곤 한다. 그리고 보통 이 지점에서
의견 충돌이 일어난다.

일이 아니다. 기본적인 사실관계가 잘못되었다는 점을 인식하게 해주는 것만으로도 논쟁이 해결된다. 그런데 사람들은 '사실관계의 사실 여부'에는 그다지 관심을 두지 않는다. 주로 평가에만 관심을 갖는다. 논쟁들이 쉽게 해결되지 않는 이유가 바로 여기에 있다. 그렇게 끝없이 논쟁을 거듭한들 서로 안 좋은 감정만 쌓일 뿐이다. 인식하는 사실관계가 다르기 때문에 서로를 거짓말쟁이라고 생각할 수밖에 없다.

그런가 하면 기본적인 사실관계는 일치하지만 평가가 달라 벌어지는 논쟁도 있다. 예를 들면 어떤 사회적인 현상을 두고 어떤 사람은 좋다고 평가하고, 어떤 사람은 나쁘다고 평가하는 것이다. 이런 논쟁은 결론이 나지 않는 경우가 많다. 자신의 경험이나 가치관이 반영된 결과이기 때문이다. 이럴 때는 논쟁 대신 자신의 의견을 말하고 상대방의 의견을 충분히 경청하는 선에서 끝내는 게 좋다. 자신의 가치관에 기초한 선택이나 선호의 문제이지 옳고 그름의 문제가 아닌 것이다. 상대방은 사과를 좋아한다고 하는데, 그건 옳지 않으니 배를 사라고 할 수는 없지 않은가.

검사실에서 조사를 하는 도중에 가장 많이 듣는 말은 무엇일까? 필자는 다른 것은 몰라도 '사실은 말이에요'와 '정말입니다'가 다섯 손가락 안에 들어갈 거라 생각한다. 그런데 이렇게 말하는 사람들의 이야기가 정말로 믿을 만한 사실일까? 실제로는 별로 그렇지 않다. '사실'이나 '정말'은 말하는 사람의 주관이 들어간, 다시 말해 평가가 담긴 단어다. 객관적인 진실이 아니라는 뜻이다. 따라서 '사실'이나 '정말'이라는 말은 자신의 주관을 강조하는 말에 불과하다. 매우 역설적이게도 '사실은 말이에요'라거나 '정말입니다'라는 말은 사실과 다른, 좀 더 나아가서는 적극적인 거짓말일 가능성이 높다.

　　거짓말에 관한 재미있는 이야기 하나. 검사가 공소사실을 작성할 때 '~라고 거짓말하여'라고 쓰는 대표적인 범죄가 사기죄다. 알다시피 사기죄란 거짓말이나 거짓된 태도를 통해 피해자의 재산을 자기의 것처럼 만드는 범죄를 말한다. 그런데 흥미로운 것은 사기범 중에 자신의 말이 거짓말이라고 생각하는 사람이 거의 없다는 사실이다. 그들은 '내가 처음부터 돈을 떼어먹으려고 했나. 사업이 잘되기만 했으면 그때 약속했던 날까지 돈을 꼭 갚았을 거야'라거나 '내 생각대로 대동강 물을 팔았다면 큰 수익이 났을 거야. 봉이 김선달도 팔아먹은 대동강 물을 왜 나는 못 팔게 하는 거야? 나쁜 놈들!'이라고 믿는다. 핑계 없는 무덤이 없다더니, 딱 그 꼴이다.
　　거짓말에 취하면 스스로도 그 말이 사실인지 아닌지 잘 구분하지 못한다. 그래서인지 교도소에서 사기범을 수용하는 방에는 소유권 관념이 희박해 '내 것도 내 것이고, 네 것도 내 것이다'라는 생각이 강하다. 어차피 온갖 감언이설로 상대방의 물건을 내 것으로 만들 세치 혀의 능력이 충분하기 때문이다. 한편 절도죄는 어떤 물건에 대한 다른 사람의 소유권을 침해했을 때 성립되는 범죄다. 그래서인지 절도범들은 소유권 관념이 확실하다. 절도범들의 방에서 물건이 하나라도 없어지기라도 하면 방 전체에 난리가 난다. 사람은 자신이 경험하거나 처해 있는 상황에 기초해서만 세상을 판단하는 나약한 존재다. 그것을 인정하고 대화를 시작하면 상대방과 공감할 수 있는 영역이 훨씬 넓어진다.

음식은 대화다

다른 동네도 그렇겠지만 정오가 되면 서초동에서도 이 건물 저 건물에서 많은 사람들이 쏟아져 나온다. 오전 근무를 마치고 황금 같은 점심시간을 누리려는 이들이다. 한산하던 거리가 금세 사람들로 가득 차 활기가 넘친다. 요즘은 혼밥을 하는 직장인들이 많다던데 서초동에서 혼밥은 아직 익숙하지 않은 풍경이다. 그렇다 보니 식당으로 가는 사람들 또한 무리를 지어 다니는 것이 일반적이다. 그런데 조금만 관심을 가지고 살펴보면 무리의 형태에 따라 일정한 특징을 발견할 수 있다.

먼저 '2열 종대'형이다. 두 줄로 대열을 맞추어 나무늘보처럼 느린 걸음으로 걸어가는 사람들이다. 뒷줄에 있는 사람들은 절대로 앞줄에 있는 사람들을 추월하지 않는다. 뒷줄에 있는 사람에게 말을 걸 때도 앞줄에 있는 사람과 자리를 바꾸지 않는다. 다만 뒷줄에 있는 사람이 앞줄에 있는 사람에게 조금 다가서서 귀를 쫑긋 세우고 이야기를 들을 뿐이다. 말소리도 아주 조용하다. 무슨 일이 있어도 큰소리가 나지 않는다. 마치 누군가가 들으면 안 되는, 중요한 국가 기밀이라도 다루는 사람들 같다. 이때 무리를 이루는 사람의 수는 기껏해야 두 줄이나 세 줄 정도로, 그다지 많지 않은 편이다. 서열도 명확하다. 앞줄 왼쪽이 우두머리의 자리다. 넘버 투는 우두머리의 옆, 앞줄 오른쪽에 선다. 그 뒤의 사람들도 서열에 따라 지그재그로 배치된다.

다음은 '자유분방'형이다. 분명히 무리를 이루긴 한 것 같은데 그 형태가 정형화되어 있지 않다. 게다가 조금 걷다 보면 무리를 이탈하거나 뒤처지는 사람도 보인다. 걷는 속도도 일정하지 않아 빠른 사람도 있고 나무늘보형도 있다. 그러다 보니 건물에서 나올 때는 무리의 모양이 어느 정도 파악되지만 조금 지나면 다른 무리의 사람들과 구분이 어려워진다. 목소리도 자유분방해서 무리들 사이에서 말을 할 때 아무런 구애를 받지 않는다. 따로 서열이 있는 것 같지도 않다. 대형 내에서의 위치도 수시로 바뀐다. 2열 종대형과 비교하면 무질서하다고도 평가할 만하다.

마지막으로 '학익진'형이다. 대체로 앞줄에 두세 명이 서고, 뒷줄에 네다섯 명이 선다. 이 무리 사람들은 걸음이 좀 빠른 편이다. 마치 이순신 장군이 한산도에서 적은 수의 아군으로 왜군을 격퇴하기 위해 펼친 전법과 유사한 형태다. 걷다가 앞줄과 뒷줄에 있는 사람이 서로 자리를 바꾸기도 한다. 적과 맞서기 위한 작전을 숙의하기 위해 은밀히 이야기를 나눌 필요가 있을 때를 떠올리면 이해가 쉬울 것이다. 말소리는 대체로 조용한 편이지만, 앞줄의 분위기에 따라 달라진다. 앞줄이 시끄러우면 뒷줄도 덩달아 목소리가 높아지는 경향이 있다. 서열은 2열 종대형과 비슷하지만 규칙적으로 정해진 것은 아니다.

도대체 이 무리들은 어떤 사람들로 이루어져 있기에 이렇게 뚜렷한 특징을 지닐까? 2열 종대형은 법원 건물에서 나온 사람들이다. 주로 같은 재판부를 구성하는 판사들 무리가 이런 형태다. 무리가 네 명인 경우 앞줄 왼쪽에 부장판사, 오른쪽에 우배석판사, 뒷줄 왼쪽에 좌배석판사, 그리고 뒷줄 오른쪽에 예비판사가 선다(현재 예비판사라는 제도는 없어졌다). 자유분방형은 인근에 있는 변호사 사무실에서 나온 변호사들로 이루어진 경우가 많다. 나름대로의 서열이 있긴 하지만 별로 중요한 게 아니다 보니 매우 자연스러운 대형을 유지한다. 점심을 반드시 같이 먹을 필요도, 음식점에 같이 도착할 필요도 없으므로 대형의 모양도, 속도도 자유롭다. 마지막으로 학익진형의 무리는 검찰청 건물에서 나온 사람들이다. 주로 같은 부에 속해 있는 부장검사와 소속 검사들이 이런 대형을 만든다. 다른 부 소속 검사들과 식사를 하러 갈 때도 형태는 군건하게 유지된다.

서초동에서는 왜 이렇게 직종에 따라 무리의 대형이 달라지는 걸까? 판사들은 같은 재판부에 소속된 부장과 배석들이 항상 사건을 공유한다. 같은 법정에서 같은 변론을 들으며 재판을 하기 때문에 걸으면서 사건을 상의할 필요가 별로 없다. 조직 내 서열도 조금 엄격하다 보니 초임 판사 시절부터 자연스럽게 자기 위치를 찾아간다. 처음엔 어색할지 몰라도 조금만 익숙해지면 오히려 정해진 위치가 편하다.

변호사들은 대부분 자기가 맡은 사건의 변론 방향을 의뢰인과 상의해 스스로 결정해야 한다. 업무 자체가 독립적이라서 다른 변호사들과 상의하는 일이 많지 않다. 이러한 업무의 성격을 고려하면 자유분방한 대형으로 다니는 것이 이상한 일도 아니다.

검찰에서는 부장이 아닌 검사 개인에게 사건이 배당된다. 부장들은 대부분 나중에 사건을 결재할 때 비로소 그 내용을 알게 된다. 그렇다 보니 검사 입장에서는 부장에게 결재를 올리기 전에 상의를 하면 결재가 훨씬 수월해진다. 그래서 앞줄에 있는 검사 세 명 중 한 명은 부장검사와 상의할 사건이 있는 검사일 가능성이 매우 높다. 사건과의 치열한 전투를 위해 가장 효율적인 대형, 그것이 바로 점심을 먹으러 가기 위한 검사들의 학익진 대형이다.

사람은 살기 위해 먹을까 아니면 먹기 위해 살까? 이 문제는 '닭이 먼저냐, 계란이 먼저냐'라는 물음만큼이나 어렵다. 아니 그보다 더 어려운, 사람에 대한 본질적인 질문이라고 할 수도 있겠다. 인간계에서 먹는 문제는 생각보다 훨씬 더 중요한 자리를 차지한다.

요즘 TV를 보면 이 채널 저 채널에서 먹방 프로그램을 방송한다. TV뿐 아니라 온라인 개인 방송에서도 먹방은 상상을 초월할 정도의 인기를 자랑한다. 심지어 먹방 콘텐츠만으로 잘 먹고 잘 사는 사람도 많다. 그런가 하면 맛 칼럼니스트라는 직업이 유망한 직종으로 떠오른 지 오래다. 아무리 문명이 발달하고 오락거리가 많아져도 먹는 즐거움을 포기하기란 쉽지 않을 것 같다.

한편, 요즘은 홀로 식사를 하는 혼밥이 전혀 어색하지 않은 시대이기도 하다. 빡빡한 조직 생활에서 받는 스트레스를 조금이나마 줄이기 위해 점심시간만이라도 자유를 만끽하고자 하는 세태가 혼밥이라는 형태로 표현된 것이 아닌가 싶다. 마주치기 싫은 사람과 밥을 먹는 것만큼 견디기 어려운 일도 없으니 말이다. 내 돈 내고 먹는 식사를 내 마음대로 먹고 싶은 것은 어찌 보면 당연하다. 그래서 일부러 동료 혹은 상사들과 떨어져 여유로운 시간을 가지고 싶어 하는 것이다.

그런데 먹는 것에는 단순한 '먹는 행위' 이상의 의미가 있다. 특히 직장에서는 더욱 그렇다. 먹는 것도 사회생활 기술의 일종이라는 뜻이다. 점심시간이라는 형식에 집중할 것이 아니라, 그 시간이 욕구에 기초한 자연스러운 만남의 기회라는 것에 주목해야 한다. 조금의 상상력을 발휘해보면 서초동의 점심 대형도 일을 효율적으로 하기 위한 방편이라는 사실을 알 수 있을 것이다.

여기서 먹기에 관한 관점을 바꿔볼 필요성이 생긴다. 먹는 즐

검사의 대화법

먹는 것에는 단순한 '먹는 행위'
이상의 의미가 있다. 특히 직장에서는
더욱 그렇다. 먹는 것도 사회생활 기술의
일종이라는 뜻이다. 점심시간이라는 형식에
집중할 것이 아니라, 그 시간이
욕구에 기초한 자연스러운 만남의
기회라는 것에 주목해야 한다.

거움을 포기할 수 없다면 그것을 적극적으로 이용해보는 것은 어떨까? 요즘에는 '가족'이라는 말을 주로 쓰지만 예전에는 '식구食口'라는 말도 많이 사용했다. 한집에서 같이 살면서 끼니를 같이하는 사람, 밥을 같이 먹는 사람을 일컫는 말이다. 그래서 가족을 가리켜 '우리 식구'라고 표현하고는 했다. 또 같은 조직에 속한 사람을 식구라고 부르기도 한다. 직장에서만 해도 함께 일하는 동료들을 '사무실 식구'라고 부르는 경우가 종종 있다. 그만큼 같이 식사를 한다는 것은 중요한 일이다.

필자의 평검사 시절을 돌이켜보면 식사를 하러 가는 도중에, 또는 식사를 마치고 돌아오는 도중에 어려운 사건의 결재를 반 이상 마쳤다고 해도 과언이 아니다.

"부장님! 5 대 3으로 싸운 쌍방 상해 사건인데요, 양쪽 다 전과는 없고 합의는 다 되었습니다. 싸움의 원인을 제공한 사람 한 명씩만 약식으로 기소하고 나머지 사람들은 기소유예를 하려고 하는데, 그래도 될까요?"
"부장님! 야간에 벌어진 뺑소니 사고 사건입니다. 아무래도 운전자의 음주운전이 의심되는데 증거가 없습니다. 이럴 땐 어떻게 하는 게 좋을까요?"

검사의 대화법

모처럼 사무실에서 벗어나 식사를 하러 가는 마당에 사건 이야기를 한다면서 싫어하는 부장이 있을까? 경험해본 바로는 속마음은 어땠는지 몰라도 겉으로 그런 내색을 하는 부장은 없었다. 부장 입장에서는 후배들에게 조금이라도 더 가르쳐주고 싶기 마련이다. 게다가 부장들은 그렇게 틈틈이 상의하는 것이 사건을 빠르고 정확하게 처리하는 데 아주 좋은 방법이라는 걸 본인의 경험으로 이미 알고 있다. 후배 검사도 좋고, 부장도 좋은 일인 셈이다.

점심시간의 상의가 사건 처리에 유독 도움이 되는 이유는 뭘까? 그건 음식의 힘 혹은 먹기의 힘 때문이다. 살기 위해서건 먹기 위해서건 인간의 가장 순수한 욕망을 해결하러 가는 길이니 얼마나 기대에 차 있겠는가. 그때만큼 마음이 순수해지는 순간도 없을 것이다. 그 욕망을 채우고 돌아오는 길도 마찬가지다. 포만감으로 가득하니 후배들이 물어보는 모든 것에 관대해진다. 후배의 말이 기대에 조금 못 미치거나 서툴러도 먹기로 얻은 관대함이 이를 충분히 상쇄해준다. 그래서 점심시간을 잘 이용하는 것이 사건을 효율적으로 처리하는 훌륭한 검사가 되는 지름길 중 하나인 것이다.

이런 결과가 실증적으로 검증된 사례도 보고된 바 있다. 이스라엘의 가석방심의위원회에서 일하는 여덟 명의 판사를 관찰해보았다. 그 결과, 하루의 업무가 시작된 직후나 식사 혹은 휴식 후의 가석방 허가율이 65%에 이르렀다고 한다. 반대로 하루를 마무리하거나 식사 혹은 휴식 시간 직전에는 가석방 허가가 한 건도 되지 않왔다고 한다.

영화 〈웰컴 투 동막골〉에는 먹고사는 것의 중요성을 강조한 명대사가 나온다. 이념도, 싸움도, 증오도 없는 동막골을 신기하게 여긴 인민군 장교가 마을 이장에게 그 비결을 묻자 이장은 이렇게 대답한다.

"뭘 좀 마이 멕여야지."

먹는 것이 해결되면 싸움도 해결되고, 증오도 해결된다는 진리를 이장은 잘 알고 있었던 것이다. 그러한 진리는 서초동에서도 그대로 적용된다. 먹기는 검찰청의 사건도 해결해준다. 음식은, 그리고 먹기는 대화를 위한 최고의 수단인 것이다. 아니 어쩌면 음식 그 자체가 대화일 수도 있다.

아부의 누명 벗기기

누구나 다른 사람으로부터 칭찬받는 것을 좋아한다. 나이가 적든 많든, 남성이든 여성이든, 직위가 높든 낮든 정도의 차이가 있을 수는 있지만 칭찬을 싫어하는 사람은 아무도 없다. 오죽하면 칭찬은 고래도 춤추게 한다는 말까지 나왔겠는가. 회식 자리의 건배사가 그 자리의 참석자 중 제일 지위가 높은 사람을 향한 온갖 헌사로 도배되는 것도 흔한 일이다. 그러고 보면 칭찬받기를 좋아하는 것도, 자기보다 높은 사람을 칭송하는 것도 사람의 본성 중 하나일지 모르겠다.

칭찬과 관련된 단어들은 여러 가지가 있다. 아부와 아첨, 아양도 칭찬을 하는 모양이나 태도, 말을 나타내는 단어에 속한다. 하지만 이 단어들은 다소 부정적인 느낌을 준다. '아부하지 마'라거나 '아양 떨지 마라'라는 말들이 귀에 익숙한 걸 보면 알 수 있다. 그렇다면 아부나 아양, 아첨은 뜻은 각각 무엇일까? 사전적 의미부터 알아보면 이렇다. 먼저 아부는 '남의 비위를 맞추어 알랑거림'을 뜻한다. 아첨은 '남의 환심을 사거나 잘 보이려고 알랑거림 또는 그런 말이나 짓', 아양은 '귀염을 받으려고 알랑거리는 말 또는 그런 짓'이다. 언뜻 보아서는 구분이 잘 되지 않는다. 세 단어 모두 비슷한 뜻을 가진 듯하다. 하지만 이 단어들 사이에는 아주 명확한 차이가 있다.

역사서를 읽다 보면 가끔 '희대의 아첨꾼'이라는 표현이 나온다. 대체로 나라를 위기에 빠뜨렸거나 심지어 망하게 만든 인물들이 그런 평가를 받는다. 아첨은 아주 나쁜 행동임을 알 수 있는 대목이다. 흥미롭게도 '희대의 아부꾼'이나 '희대의 아양꾼'이라는 표현은 거의 볼 수 없다. 사전적 의미는 비슷한데도 '희대의 아첨꾼'이라는 말만 쓰는 것을 보면 아첨에는 아부나 아양과는 다른 요소가 있는 듯한데, 그게 대체 뭘까?

우리나라 형법은 제33장에 '명예에 관한 죄'를 두고, '명예훼손죄'와 '모욕죄'를 처벌한다. 그중 명예훼손죄는 '허위의 사실을 적시한 명예훼손죄'와 '사실을 적시한 명예훼손죄'로 나뉜다. 명예훼손죄와 모욕죄를 구분하는 기준은 '사실을 적시摘示했는지'의 여부다. 즉, 사실을 구체적으로 표시했는지에 따라 두 죄를 구분한다.

예를 들어, '지난밤 철수가 술에 취해서 동네 골목길에 오줌을 누었다'라고 이야기한 경우와 '철수는 오줌싸개다'라고 놀린 경우

검사의 대화법

가 있다고 해보자. 앞의 말은 '지난밤'이라는 시간과 '동네 골목길'이라는 장소가 구체적으로 명시되어 있다. 철수가 억울하다면 지난 밤에 동네 골목길에 가지 않았거나 갔더라도 오줌을 싸지 않았다는 사실을 증명해야 한다. 그런데 '오줌싸개'라는 말은 기분이 나쁘긴 하지만 정확한 뜻을 알 수가 없다. 철수가 평소 오줌을 많이 싸는 사람이란 건지, 화장실이 아닌 곳에 소변을 봤다는 건지, 그것도 아니면 밤에 이불에다 실례를 했다는 건지 불분명하다. '오줌싸개'라는 말은 사람마다 해석을 달리할 수 있는 것이다. 형사법적으로 볼 때 앞의 말은 명예훼손에, 뒤의 말은 모욕에 해당한다.

그런데 철수가 지난밤에 동네 골목길에 오줌을 눈 것이 사실이라면 이 말은 문제가 되지 않는 걸까? 그렇지는 않다. 철수가 실제로 지난밤에 동네 골목길에 오줌을 누었다면 사실을 적시한 명예훼손죄에 해당하고, 그렇지 않다면 허위의 사실을 적시한 명예훼손죄에 해당한다.

아부와 아첨, 아양도 이런 기준으로 구분할 수 있다. 아부는 사실을 구체적으로 지적해서 다른 사람을 칭찬하는 경우를 일컫는 말이다. 형법상 '사실 적시 명예훼손죄'와 정반대인 것이다. 예를 들어 보자. 인사고과를 매기는 시즌을 앞둔 어느 날, 부장과 함께 회식 자리를 가졌다. 다들 술에 얼큰하게 취한 상태에서 돌아가며 건배사를 하게 되었다. 먼저 부장이 말했다.

"다들 일 때문에, 사람 때문에 스트레스 많이 받을 텐데 이 자리에서 다 풀고 가자고! 내가 먼저 건배사를 할 테니 이어서 입사 순서대로 건배사 한 번씩 합시다. 여러분 그동안 고생 많이 했어요. 여러분 덕분에 나도 사장님한테 실적이 좋다고 칭찬을 받았어. 모두에게 고맙게 생각해. 그런 의미에서 내가 '영업 1부!' 하면 다 같이 '화이팅' 합시다. 자, 영업1부!"

"화이팅!"

그다음으로 선임 과장이 일어서서 건배사를 외쳤고, 다른 직원들도 차례로 덕담을 한마디씩 했다. 대부분 '우리 부서가 잘된 것은 모두 부장님 덕분'이라며 부장에게 공을 돌리는 내용이었다. 또 '해당화(해가 갈수록 당당하고 화려하게)', '사우나(사랑과 우정을 나누자)', '나가자(나라와 가정과 자신의 발전을 위하여)' 등 요즘 유행하는 준말 형식의 건배사도 있었다. 그런데 어쩐지 알맹이가 빠진 느낌이었다. 그때, 5년 차 박 대리의 차례가 되었다.

"부장님! 제가 처음 입사했을 때가 생각납니다. 벌써 5년 전이네요. 당시에 저는 회사 생활에 적응하기가 쉽지 않은 데다 실적도 좋지 않아 고민이 많았습니다. 이 일이 저와 안 맞는 건 아닐까 하는 생각도 했습니다. 그러던 어느 날 부장님께서 저를 회사 옥상으로 부르셨습니다. '드디어 실적이 좋지 않은 걸

을 질책하시려는 걸까? 아니면 내가 다른 실수라도 했나?' 하
면서 옥상으로 올라갔습니다. 그런데 부장님께서는 제게 커피
한 잔을 건네시며 '아침에 출근할 때 엘리베이터에서 보니 박
대리 낯빛이 안 좋더라고. 무슨 일이 있었어?'라고 다정하게 물
으셨습니다. 제가 아무 일 없다고 말씀드리자 '요즘 회사 생활
힘들지. 처음에는 조금 어렵겠지만 곧 적응될 거야'라고 위로
도 해주셨죠. 부장님의 위로와 격려 덕분인지 그날 이후 회사
에 빠르게 적응할 수 있었습니다. 실적도 많이 올라 연말에 사
장님으로부터 우수사원상도 받았습니다. 모두 부장님 덕분입
니다. 저도 부장님의 배려를 보고 배워 선배님들 잘 모시고 후
배님들 잘 이끌어나가겠습니다. 그런 의미에서 제가 '부장님!'
하면, 여러분은 '사랑합니다'라고 외쳐주세요!"

박 대리의 건배사를 듣자 부장의 얼굴이 활짝 피었다. 회식 분
위기도 훨씬 좋아졌다. 단순히 자신을 추켜세워주는 말이 듣기 좋
아 그랬을까? 그런 이유도 없지는 않았을 것이다. 하지만 박 대리의
건배사에서 가장 눈여겨볼 점은 뜬구름 잡는 이야기가 아니라 구체
적인 사건을 콕 집어 이야기했다는 것이다. 까마득한 후배가 자신
은 기억도 잘 나지 않는 일을 수년째 마음에 새기고 있었던 것도 기
특한데, 자신 덕분에 회사에 잘 적응할 수 있었고 우수사원상까지
받았다고 하다니! 기분이 좋지 않을 부장이 어디 있겠는가. 박 대리

에 대한 좋은 인상이 남은 것은 물론이고, 근무 평가를 할 때도 되도록 긍정적인 평가를 줄 것이다.

이처럼 실제로 있었던 일이나 기억을 구체적으로 언급하며 다른 사람을 칭찬하면 그 칭찬은 그냥 지나가는 말이 아닌 진정성을 갖춘 말이 된다. 진정성의 힘이야 더 강조할 필요가 없을 것이다. 통상적으로 이런 말을 아부라고 한다. 다른 직원들도 좋은 이야기들로 건배사를 외쳤겠지만, 박 대리의 건배사만큼 진정성이 느껴지지는 않았을 것이다. 그들이 한 건배사는 그저 가벼운 아첨에 지나지 않는다.

그런데 이처럼 구체적인 사건을 들어 칭찬하는 경우에 주의할 점이 있다. 칭찬에 너무 집중한 나머지 없는 기억을 꾸며내는 것이다. 앞의 예시에서 부장이 평소 미세먼지를 싫어해서 옥상에 절대 올라가지 않는다거나, 건강을 위해 커피처럼 카페인이 들어 있는 음료를 마시지 않는다고 해보자. 그런 부장이 박 대리의 건배사를 들었다면 어떤 생각을 할까? 부장이 박 대리에게 실제로 그런 말을 했는지의 여부와는 상관없이 부장을 칭찬하는 말의 신뢰성이 급격히 떨어지고 말 것이다. 거짓이 분명한 이야기가 끼어 있으니 모든 이야기가 거짓처럼 여겨지게 된다. 그렇게 되면 박 대리는 희대의 아첨꾼으로 불리게 될지도 모른다.

상대방의 사기를 북돋아주는 데 그 사람을 칭찬하는 일만큼 좋은 방법도 없다. 특히 구체적인 사실에 근거한 칭찬은 의도한 것보

실제로 있었던 일이나 기억을

구체적으로 언급하며 다른 사람을 칭찬하면

그 칭찬은 그냥 지나가는 말이 아닌

진정성을 갖춘 말이 된다.

진정성의 힘이야

더 강조할 필요가 없을 것이다.

다 훨씬 좋은 결과를 낸다. 따라서 평소 누군가에 대한 좋은 기억은 가능한 구체적으로 새겨둘 필요가 있다. 상사뿐만 아니라 부하 직원과의 일도 소홀히 하지 말아야 한다. 세상에 칭찬을 싫어하는 사람은 아무도 없다. '용비어천가를 하지 말라'라는 말은 아첨이나 아양을 조심하라는 뜻으로 해석해야 한다. 사실에 근거한 칭찬, 그것이 바로 아부다. 아부에는 마음을 움직이는 힘이 있다.

대화에 보탬이 되는 기술

육감으로 하는 대화

"아, 저 사람 안 되겠네! 성질나서 정말! 해도 해도 너무한다, 진짜!"

이 정도는 그래도 양반 축에 속한다.

"야, 이 ×××야! 너 진짜 죽고 싶어? 저걸 확!"

조금 더 화가 나면 이런 반응이 기본으로 나온다. 이보다 심한 말도 수시로 쏟아진다. 도대체 어떤 상황이기에 이렇게 고함과 욕설이 난무할까? 내용만 보면 굉장히 험악하고 특수한 일일 것 같지만 실은 누구나 한 번쯤 겪어봤을 만한 상황이다. 우리의 일상에서 아주 흔하게 듣거나 볼 수 있다.

바로 운전대를 잡은 상황이다. 운전도 기본적으로 사람과 사람

사이의 끊임없는 대화를 통해 이루어진다. 다만 직접적인 접촉 대신 자동차라는 매개체가 있다는 점이 조금 다르다. 운전에서 가장 기본이 되는 대화 방법은 '눈으로 말해요'다. 우측으로 가려면 우측 깜빡이를 켜고, 좌측으로 가려면 좌측 깜빡이를 켠다. 또 갑작스러운 비상 상황을 주변 운전자에게 알릴 때, 상대방에게 미안함을 표시하거나 양해를 구할 때는 비상등을 켜서 이를 표현하기도 한다. 때로는 상대방의 무례함이나 거친 운전에 대한 항의의 표시로 상향등을 번쩍거린다. 시각을 이용한 의사의 표시와 소통이 운전의 가장 기본적인 대화법인 셈이다.

여기에 청각, 후각, 촉각 등이 보조적으로 동원된다. 청각을 이용하는 가장 대표적인 방법은 경적을 울리는 것이다. 상대방에게 항의하기 위해 울리기도 하고, 상대방의 주의를 촉구하기 위해 울리기도 한다. 후각과 촉각을 사용하는 경우는 아주 드물다. 화재가 일어나거나 엔진이 고장 난 경우에는 후각이 상당히 중요한 역할을 담당한다. 냄새로 문제를 알아채기도 하기 때문이다. 크고 작은 접촉 상황에서는 촉각이 발휘된다. 촉각이 발휘되었는데도 구호 조치 없이 의도적으로 현장을 떠나면 뺑소니범이 되어 형사법에 따라 큰 처벌을 받게 된다. 이처럼 운전은 사람의 여러 감각을 고루 쓰는 작업이다. 그럼에도 운전을 하다 보면 상대방에 대한 이해의 부족 혹은 신호에 대한 오해로 고함이나 욕설이 터져 나오는 상황을 피할 수가 없다.

누군가가 운전하는 모습을 보면 그 사람의 성격이 드러난다고 들 한다. 성격이 급한지 느긋한지, 남을 배려하는지 자기중심적인지 를 알 수 있다는 것이다. 실제로 다른 사람이 운전하는 모습을 옆에 서 지켜보면 그 말에 어느 정도 공감될 때가 있다.

운전을 하려면 내가 전혀 예기치 못한 순간에 전혀 예기치 못 한 방법으로 누군가가 나의 운전과 삶에 개입하는 것을 받아들여야 만 한다. 누군가 내 차 앞에 끼어드는 게 가뜩이나 마음에 들지 않 는데, 어떤 이는 깜빡이마저 켜지 않고 불쑥 들어오기도 한다. 또 어 떤 사람은 레이서처럼 앞을 가로질러 차선을 왔다 갔다 하면서 승 부욕을 은근히 자극한다. 상대가 방향지시등, 브레이크등, 상향등, 안개등과 같이 온갖 표시등으로 의사를 표현해준다고 해도 사실 나 에게 그것은 일방적인 통보에 불과하다. 내가 허락하지 않아도 상 대방은 마치 정당한 권리라도 가진 듯 일방적으로 자신의 의사를 관철시키며 나의 운전에 끼어들기 때문이다. 심지어 통보조차 하지 않고 내 삶에 나타나는 경우도 있다. 방향지시등을 켜지 않은 채 머 리부터 들이밀고 보는 사람들이 대표적이다. 정말 화가 나는 일이 아닐 수 없다. 나아가 상대방이 아무리 규정에 따라 정확하게 운전 해도 마음에 들지 않을 수 있다. 마음과 마음이 통하지 않으면 상대 가 나의 앞길을 막는다는 느낌을 받기도 하기 때문이다. 그러고 보 면 운전은 정말로 사람의 마음을 나쁘게 만드는 데 선수인 것 같다.

그렇다면 운전은 왜 이렇게 멀쩡한 사람의 성격도 나쁘게 만드는 걸까? 무엇이 의도치 않게 우리를 ×××로 만드는 걸까? 그 원인은 대화의 부족에 있다. 다른 운전자를 이해하며 성질을 죽이고 운전하기 위해서는 앞차, 옆 차, 뒤차 심지어는 반대편 차선에 있는 차를 포함해 주변에 있는 모든 차들과의 폭넓은 대화가 필요하다. 그런데 운전을 할 때는 그럴 시간과 여유가 없다. 대화의 수단도 충분하지가 않다. 옆 차의 운전자는 찰나의 순간에 보이는 조그마한 틈새를 비집고 끼어든다. 그래서 조그마한 틈새라도 보이지 않기 위해 긴장의 끈을 놓지 말아야 한다. 만일 초보운전자가 규정에 따라 끼어들려고 깜빡이를 켠 상태로 상대가 차선을 양보해주길 기다렸다간 동해나 서해까지 한없이 직진하게 될 수도 있다.

이처럼 운전자는 다른 운전자들에게 내 마음을 충분히 표현하고 싶어도 그 수단을 충분히 제공받지 못한다. 시각, 촉각, 후각, 청각 등 모든 감각을 동원해 대화를 시도해도 상대방의 이해를 얻을 수 있을지 불확실하다. 게다가 시각이라는 불완전한 수단을 주로 사용해서 대화를 하려니 당연히 의사의 불일치가 일어날 수밖에 없는 것이다.

흔히들 대화는 말로 하는 것이라고 생각한다. 청각을 이용한다는 뜻이다. 틀린 말은 아니지만, 그렇다고 100% 맞는 말도 아니다. 오직 청각만을 이용해 대화를 하는 사람이 있다면 그 사람은 천재이거나 다른 사람과의 대화에 무척 서툰 사람일 것이다. 대화를 하는 중에는 생각보다 아주 많은 일이 일어난다. 사람들은 대화를 나누는 도중에, 혹은 대화를 나누기 위해 청각뿐만 아니라 다른 많은 감각을 동원해 아주 다채로운 신호를 보낸다. 수사기관에서의 대화가 이런 대화의 대표적인 예다. 다음 이야기를 함께 살펴보자.

장위반 씨가 신호를 위반해 교통사고를 낸 혐의로 수사기관에서 조사를 받게 되었다. 신호가 이미 황색으로 바뀌었는데도 불구하고 마음이 급해 앞차의 꼬리를 물고 진입하다가 맞은편에서 신호에 따라 좌회전하던 차량과 충돌한 혐의였다. 사고가 난 교차로에는 CCTV가 없었고, 자신의 차나 상대방의 차에 블랙박스가 없는 것도 확인한 장 씨는 녹색 신호에 진입했다고 우길 심산이었다.

"장위반 씨, 2019년 7월 1일 오전 8시 35분경 교통사고를 낸 것
    이 맞나요?"
"교통사고가 난 것은 맞는데, 제가 낸 것은 아닙니다. 저는 신호
    에 따라 진입했을 뿐입니다."
"그렇다면 상대방이 신호를 위반했다는 말인가요?"
"그건 잘 모르겠습니다. 어쨌든 저는 신호를 위반하지 않았습
    니다."
"혹시 이미 황색 신호로 바뀌었는데도 장위반 씨가 교차로에 무
    리하게 진입한 것은 아닌가요?"
"그렇지 않습니다. 저는 분명히 녹색 신호에 진입했습니다. 저

는 정말 억울합니다. 믿어주세요."

그런데 증거는 CCTV나 사고 차량에만 있는 게 아니었다. 장위반 씨의 뒤에 있던 차량의 블랙박스에 장 씨가 신호를 위반해 무리하게 교차로에 들어서는 모습이 고스란히 찍혀 있었다.

"자, 이걸 한 번 보시죠. 당시 장위반 씨의 뒤를 따라가던 차량 블랙박스에 찍힌 영상인데요, 신호가 바뀌었는데 장위반 씨가 교차로에 진입한 장면이 찍혀 있습니다. 이 역시 사실이 아닌가요?"

블랙박스 영상을 확인한 장 씨는 말문이 턱 막혔다. 빼도 박도 못할 증거라고 생각한 것이다. 장 씨는 생각지도 못한 증거에 아무런 말도 할 수 없었다. 목구멍에 커다란 자물쇠가 채워진 듯했다. 더불어 한 줄기 식은땀이 그의 이마를 타고 흘러내리기 시작했다. 손도 덜덜 떨리면서 공연히 헛기침이 나왔다. 이런 경우 조사하는 사람이 작성하는 조서에는 어떻게 내용이 기록될까?

'……'
'이때 피의자는 아무런 대답도 하지 않다.'
'이때 피의자는 아무런 대답도 하지 않은 채 눈길을 옆으로 돌

리고 허공을 보면서 공연히 헛기침을 하다.'

이와 같은 문장이 적힐 것이다. 장위반 씨는 아무 말도 하지 않았지만 눈길을 돌리거나 허공을 쳐다보거나 헛기침을 하는 것 자체가 대화의 일부로 묘사된다.

대화는 반드시 말로만 하는 것이 아니다. 말은 표현하고자 하는 것을 요약해 직접적으로 전달하는 방식일 뿐이다. 긴장하면 땀을 흘리는 사람도 있고, 미간을 찡그리는 사람도 있고, 가스를 뿜어내는 사람도 있다. 헛기침을 해대는 사람도 있고, 시선을 어떻게 처리해야 할지 어쩔 줄 몰라 하는 사람도 있다. 본인은 그렇지 않다고 여기는 사람도 있지만 누구에게나 다 있는 현상이다. 대화는 시각, 후각, 미각, 촉각, 청각 등 오감을 총동원해 이루어진다. 따라서 상대방의 시선 속에서, 몸짓 속에서, 냄새 속에서 혹은 침묵 속에서 그 사람의 마음을 읽어내는 것이 대화의 시작이자 기초다. 오감을 잘 이용하는 것이 성공적인 대화를 이끄는 비결인 것이다. 그런 의미에서 황진이는 오감을 이용한 대화를 잘 활용한 현자賢者가 아닐까 싶다. 오감을 잘 이용해 화담 서경덕 선생의 인품과 식견을 알아냈으니 말이다.

때로는 오감뿐만 아니라 육감六感이 더해지는 대화도 있다. 육감은 명확히 표현할 순 없지만 이상한 기운을 느끼고 대처하는 감

대화는 시각, 후각, 미각, 촉각, 청각 등
오감을 총동원해 이루어진다.
따라서 상대방의 시선 속에서, 몸짓 속에서,
냄새 속에서 혹은 침묵 속에서
그 사람의 마음을 읽어내는 것이
대화의 시작이자 기초다.

각을 말한다. 그런데 육감은 저절로 생기는 것이 아니다. 길러지는 것이다. 육감이란 생각하는 능력의 다른 표현이기 때문이다. 무언가를 의심하고 궁금해하고 상상하는 힘! 다시 말해 상상력 또는 사고력이 바탕이 되어야 육감을 제대로 발휘할 수 있다. 이처럼 대화는 시각, 청각, 미각, 촉각, 후각이라는 오감에 생각하는 힘까지 더해져야 비로소 온전하게 완성된다.

눈으로 말하라

'눈으로 말해요. 살짝이 말해요. 남들이 알지 못하도록 눈으로 말해요. 사랑은 눈으로 눈으로 한대요. 그 검은 두 눈은 거짓말을 못해요.'

오래전 유행했던 어느 노래 가사의 일부다. 노래가 발표된 지 수십 년이 지났지만 사랑은 눈으로 한다는 진리는 세월이 지나도 변함이 없는 것 같다. 가사에서는 눈으로 말하라고 한다. 그리고 한 걸음 더 나아가 사랑은 눈으로 하는 것이라고도 한다. 눈은 '보는 것', 즉 시각을 담당하는 기관인데 어떻게 눈으로 말을 하라는 것일까?

내가 처음으로 '눈으로 말하기'를 체험한 것은 고등학교 1학년 때였다. 벌써 30년도 더 된 일이지만 나는 아직 그날 그 순간을 또렷이 기억한다. 고등학교에 들어가 맞는 첫 번째 체육대회 날이었다. 운동을 좋아하는 나는 우리 반 대표로 농구 시합에 참여하게 되었다. 경기의 시작은 중앙선에 모여서 하는 점프볼이었다. 마침 우리 팀에 키가 190센티미터나 되는 아주 큰 친구가 있었다. 우리 반뿐만 아니라 전교에서 제일 큰 친구였다(당시만 해도 그렇게 키가 큰 사람이 많지 않았다). 당연히 그 친구가 점프볼에서 공을 따내는 역할을 맡았고, 나는 공격 라인 쪽에 섰다. 그렇게 모두 중앙선에 모여서 점프볼을 하는데 그 친구가 계속해서 나를 노려보듯 쳐다보았다. 뭔가 할 말이 있는 것 같았다. 처음에는 점프 위치상 나와 마주보고 있어야 하니 그냥 쳐다보는 것이라고 생각했는데, 그게 아니었다. 느낌이 조금 이상했다. 이윽고 점프볼로 경기가 시작되었다. 심판이 점프볼을 위해 공을 하늘을 향해 던진 순간, 나는 상대편 골대 쪽으로 냅다 뛰었다. 친구가 쳐낸 공은 정확히 내 앞에 떨어졌다. 경기가 시작되자마자 손쉬운 골밑슛 상황을 얻은 것이다.

친구가 내 눈을 쳐다본 이유는 바로 그것이었다. 친구의 눈빛에는 '상대편 선수를 보니 내가 공을 충분히 따낼 것 같다. 심판이 공을 던지면 너는 상대편 골대를 향해 무조건 뛰어. 그러면 쉽게 골을 넣을 수 있을 거야'라는 메시지가 담겨 있었다. 나는 그 눈빛을 읽었기에 상대편 골대 쪽으로 전력 질주를 한 것이다. 어렸을 때 들었던 '눈으로 말해요'라는 노래의 가사가 틀린 말이 아니라는 걸 그때 처음 깨달았다. 그래서인지 그 친구의 눈빛과 그날의 기억이 아직도 생생하다.

눈빛과 관련된 인상적인 경험담을 하나 더 풀어놓자면, 대학 시절의 일이 있다. 공부도 하는 둥 마는 둥 빈둥거리던 시절이었다. 남들은 다 있는 여자 친구가 나만 없던 시절이기도 했다. 어느 일요일 오후, 하숙집에만 있기 무료해 슬리퍼를 끌고 나섰다. 영화라도 볼 요량으로 종로로 향했다. 지금도 그렇지만 그때도 지하철역 주변에 가면 '도를 아십니까?'라고 묻는 사람들이 꼭 있었다. 그날도 그랬다. 영화를 다 보고 버스 정류장으로 가기 위해 지하철역 앞을 지나는데, 어디선가 '도를 아십니까?'라고 말을 거는 목소리가 들려왔다. 다른 때 같으면 그냥 무시하고 지나쳤을 텐데, 하숙집으로 돌아가도 별로 할 일이 없던 참이라 조금 흥미가 생겼다. 그래서 '네?'라고 대답하며 소리가 들리는 쪽을 쳐다봤다. 20대 중후반으로 보이는 2인 1조의 남녀가 그곳에 서 있었다. 내가 쳐다보자 그들은 회심의 미소를 지었다. 그리고 결정적 한 방을 내게 날렸다.

"학생 오른쪽 어깨에 돌아가신 작은 할아버지가 앉아 계십니다."

그 말을 곧이곧대로 믿은 것은 아니지만, 그들이 안다는 '도'가 도대체 무엇인지 궁금해 그들을 따라갔다. 실은 '도'보다 그 사람들에 대한 호기심이 더 컸다. 그들을 따라 이리저리 지하철을 갈아타고 도착한 곳은 어느 산 밑에 있는 조용한 동네였다. 지하철역에서 내려 10분쯤 걸어가자 그들이 도를 닦는 곳으로 보이는 건물이 보였다. 절도 아니고 점집도 아닌, 조금 묘한 느낌이 드는 곳이었다. 그리고 그 앞 평상에는 10여 명의 젊은 청춘 남녀들이 아이스크림을 하나씩 입에 문 채 앉아 있었다. 아마도 나를 데리려간 사람들의 동료들인 듯했는데, 하루 일과를 마치고 돌아와 쉬고 있던 모양이었다. 건물 안으로 들어가자 나처럼 덜떨어진 동지가 두어 명 더 있었다. 그곳에서 나는 그들로부터 조사 아닌 조사를 당했다. 사는 곳이 어디인지, 하는 일이 무엇인지, 부모님은 계시는지, 형제자매는 몇이나 있는지 등등. 여기까지는 예상한 일이었다.

문제는 그다음이었다. 그들은 내게 입도를 해야 하니 돈을 내라고 했다. '뭐라고? 도를 알려면 돈을 내야 한다고? 시골에서 부모님이 보내주신 피 같은 돈을?' 나는 돈이 없다며 뻗대어보았지만, 결국 1만 원 하고도 몇 천 원을 제물 비용으로 내야 했다. 그리고는 한복으로 갈아입고 입도식을 치른 후 제물로 올린 수박과 고기 등을 다른 동지들과 나누어 먹었다. 그렇게 밤 12시가 다 되어서야 비로소 그곳에서 벗어날 수 있었다.

아이러니하게도 나는 그때 그곳에서 세상을 사는 이치, 즉 '도'를 정말로 발견할 수 있었다. 해답은 평상에 앉아 있던 청춘들에게 있었다. 나이가 많아야 30대 초반 언저리로 보이는 사람들이었는데, 그들의 눈빛은 하나같이 세상살이를 초월한 듯했다. 도저히 젊은 사람의 눈빛으로는 보이지 않았다. 좋게 말해 세상을 초월한 눈빛이었다는 것이지, 솔직히 초점이 없어 이상했다. 어쨌든 그들을 보고 나는 '저런 눈빛으로 인생을 살면 안 되겠구나!'라는 엄청난 '도'를 깨우쳤다. 1만 원 남짓의 돈과 대여섯 시간을 투자한 것치고는 무척 값진 경험이었다.

검사로 임용된 후 선거 관련 수사를 많이 맡았다. 덕분에 TV에서나 볼 수 있는 유명한 분들을 만날 기회도 가끔 생겼다. 하루는 굉장히 유명한 분을 상대로 한 고발장이 내게 배당되었다. 대학 시절부터 익히 들어왔던 이름이었고, 한때 흠모했던 분이기도 했다. 그런 분이 정치판에 뛰어들어서 고발까지 당하다니, 좀 안타까웠다. 게다가 그분을 내가 조사해야 한다니. 개인적인 기분은 별로 좋지 않았지만, 어쨌든 조사는 해야 했다. 전화로 연락을 드리고 조사할 날짜를 잡았다. 그날은 다른 사람을 소환하지 않고 조사 도중에 다른 사람이 검사실에 들어오지 못하게 하는 등 나름대로 배려하려 최대한 노력했다.

조사가 시작되었다. 그분은 내 질문에 아주 정중하고 성실하게 답변해주었다. 자신의 생각도 명확히 표현하고, 인정할 것은 인정하되 아닌 것은 아니라고 분명히 답했다. 그런데 좀 이상했다. 조사를 하는 내내 그분은 나와 눈을 마주치려고 하지 않았다. 내가 레이저가 나올 듯한 눈빛으로 쏘아본 것도 아니었다. 그동안 나는 인자한 눈빛으로 다른 사람들에게 부담을 주지 않는다는 평을 받곤 했다. '검사 같다'는 게 뭔지는 몰라도 검사 같지 않은 눈빛을 가지고 있다는 말도 여러 번 들었다. 그럼에도 그분은 조사하는 내내 내게 눈길 한 번 주지 않은 것이다. 그분은 왜 그랬을까? 나는 이 의문을 오랜 시간이 지난 지금까지도 풀지 못했다. 다만 혼자서 추측해보면, 다음과 같은 가능성이 있는 것 같다.

먼저, 조사받고 있는 상황을 인정하기 싫었을 수 있다. 본인이 생각하기에는 잘못을 저지르지 않았는데, 다른 사람으로부터 고발을 당해 조사를 받는다는 것이 마음에 들지 않았을지 모른다. 그래서 조사하는 사람을 무시한다는 의미로 일부러 쳐다보지 않았을 수 있다. 두 번째로, 진실을 제대로 말하지 않았을 수 있다. 거짓말을 하다 보니 상대의 눈을 제대로 마주보지 못한 것이다. 실제로 조사를 하다 보면 가끔 눈빛을 피하는 사람이 있다. 이 경우 자신감이 없어 보일뿐더러 '혹시 거짓말을 하는 것 아닌가'라는 의심마저 든다.

어떤 이유로든 대화를 나누는 상대방과 눈을 맞추지 않는 것은 바람직하지 않은 모습이다. 상대방에게 신뢰를 주지 못하기 때문이다. 그 후로 TV에서 그분의 모습을 보게 될 때마다 그때의 모습이 생각나 쓸쓸한 기분이 들곤 한다.

특별 수사로 유명한 한 선배와 같은 부에서 근무할 기회가 있었다. 그 방에서 수사를 받고 나온 사람들은 가끔 뭔가에 홀린 것처럼 보였다. 선배는 후배들에게 애정을 가지고 수시로 수사 노하우를 알려주셨다. 그 선배가 가르쳐준 수사의 제1 노하우는 다름 아닌 눈빛이었다. 눈은 거짓말을 못한다는 것이다. 상대방의 눈을 주시하다 보면 눈빛이 흔들리는 순간이 있다. 그 순간은 그 사람의 마음이 흔들리거나 그 사람이 거짓을 말하는 순간이다. 그 타이밍을 잡아 결정적인 질문을 하거나 증거를 들이대면 수사가 쉽게 풀린다는 것이 선배의 이야기였다.

사람의 눈은 이토록 중요하다. 입은 쉽게 믿기 어렵고, 귀는 쉽게 왜곡될 수 있다. 하지만 눈은 그렇지 않다. 할 수 있다면, 그럴 수만 있다면 눈으로 말을 할 수 있어야 한다. 그것이 상대에게 믿음을 주는 가장 빠르고 정확한 길이다.

검사의 대화법

선배가 가르쳐준 수사의

제1 노하우는 다름 아닌 눈빛이었다.

눈은 거짓말을 못한다는 것이다.

사람의 눈은 이토록 중요하다.

입은 쉽게 믿기 어렵고,

귀는 쉽게 왜곡될 수 있다.

하지만 눈은 그렇지 않다.

귀부터 열어야 하는 이유

느낌이 영 좋지 않았다. 뭔가 새롭거나 귀찮은 일이 생길 것 같았다. 평소에는 일과 시간에 절대 호출을 하지 않던 차장이 나를 찾았기 때문이다. 예삿일이 아닌 것이 분명했다. 노크를 하고 차장실에 들어가니 차장이 얼굴 가득 웃음을 머금은 채 나를 기다리고 있었다. 역시 좋지 않은 일임에 틀림없었다. 차장은 나에게 소파에 앉으라고 하더니 입을 열었다. 요즘 일이 많아서 힘들지 않냐는 둥 퇴근은 몇 시에 하냐는 둥, 이리저리 말을 돌리며 본론을 쉽게 꺼내놓지 않았다. 역시 보통 내공이 아니었다. 한참을 그렇게 주변을 공략하던 차장이 드디어 본론을 꺼냈다. 자신의 책상에서 두툼한 고소장 하나를 가져와 내게 건넨 것이다.

"양 검사! 이 사건 좀 처리해줘야 되겠어!"

언뜻 보니 법정에 증인으로 나온 사람이 거짓으로 증언했다고, 즉 위증으로 고소한 사건이었다. '고소 사건 하나를 배당하시는데 왜 직접 불러서 뜸까지 길게 들여가며 주시는 거지?'라는 생각을 하며 알겠다고 대답했다. 그렇게 고소장을 받아들고 차장실을 나오는데, 문득 간담이 서늘해졌다.

'필시 무슨 사연이 있을 거야. 평소대로 배당하지 않고 직접 부른 걸 보면 무슨 문제가 있는 사건인 거지. 그것도 아주 큰 문제가!'

검사실로 돌아와 고소장을 대강 살펴보았다. 고소된 범죄 사실만 50여 개였고, 첨부된 보조 자료까지 합치면 200쪽 가까이 되었다. 워낙 중구난방으로 적혀 있어 도대체 범죄 사실이 뭔지 파악하기 어려웠다. 그러다가 눈에 띄는 구절 하나를 발견했다. 경찰과 검찰에 여러 차례 고소를 했지만 모두 혐의가 인정되지 않는다며 불기소 처분을 했다는 구절이었다. '옳지, 잘됐다. 이미 여러 차례 수사가 된 것이라면 나도 똑같이 불기소 처분을 하면 되지 않을까?'라는 생각이 들었다. 하지만 차장이 특별히 나를 불러서 맡긴 것에는 분명 무슨 이유가 있을 터였다. 하여튼 찜찜했다.

그 이유는 며칠 후에 밝혀졌다. 직원들과 함께 점심을 먹으러 청사 밖으로 나가는데 어떤 초로의 남성이 소리를 고래고래 지르고 있었다. 무슨 말인지 잘 들리진 않았지만 검찰을 욕하는 내용인 게 분명했다. 일상적으로 있는, 좀 유별난 민원인이라고 생각하고 지나치려는데 우리 방 수사관이 지나가는 말투로 이야기했다.

> "검사님! 저 사람 상습 고소인으로 유명한 사람이에요. 경범죄로 여러 번 과태료까지 냈는데도 막무가내로 저러네요."
> "그래요? 무슨 사건인데요?"
> "위증 사건이래요."

위증 사건이라는 말에 정신이 번쩍 들었다. 다시 수사관에게 물었다.

> "위증 사건이라고요? 혹시 저 분 성함 아세요?"
> "네, 아마 신래만 씨일 거예요."
> '아니, 며칠 전에 배당받은 그 고소장에 적혀 있던 고소인 이름과 비슷한 이름인 것 같은데?'

점심을 대충 먹고 서둘러 사무실로 들어와 캐비닛에서 고소장을 꺼냈다. 갑자기 이승환이 미워졌다. 그의 목소리가 나의 뇌리를 강하게 파고들었기 때문이다. '왜~ 스을픈 예감은 트을린 적이 없~나~' 하는 그 노래가 귓가에 들리는 듯했다. 거기에는 '신래만'이라는 이름 석 자가 정확히 박혀 있었다. '아이고, 악성 민원인이구나! 곧 저 분의 고소장에 내 이름도 올라가겠네'라는 생각에 머리가 지끈거렸다.

곧 소환 일정을 확인하고, 마침 비어 있는 시간을 골라 고소인에게 전화를 했다. 정확한 고소의 취지가 무엇인지 확인하기 위해 조사를 진행해야 했기 때문이다. 몇 번의 신호음이 울린 후 상대가 전화를 받았다. 고소인의 목소리는 처음부터 대단히 공격적이었다.

"여보세요. 신래만 선생님이신가요?"

"그렇소만, 누구요?"

"네, 저는 ○○지방검찰청의 양중진 검사인데요. 지난번에 고소하신 사건 때문에 전화드렸습니다. 고소인 조사를 하려고 하는데, 다음 주 수요일 오후 2시에 시간이 되시나요?"

"뭐? 누구라고? 야! 내가 고소한 지가 언젠데, 이제야 전화를 해! 그날은 내가 다른 약속이 있어서 안 돼!"

고소인은 다짜고짜 반말을 하며 나를 혼내기 시작했다. 어이가 없었지만 그의 고소장에 내 이름이 올라가는 일을 피하려면 최대한 공손하게 대해야 했다.

"네, 죄송합니다. 그럼 언제 시간이 되시나요?"

"지금 당장 어떻게 알려줘. 내가 스케줄 보고 나중에 전화할
거야."

다시 한번 이승환의 노래가 명곡이라는 생각에 가슴이 미어졌
다. 그 후 몇 번의 전화 끝에 어찌어찌 출석 날짜를 잡았다. 드디어
신래만 씨가 출석하기로 약속한 날이 되었다. 아침 일찍 떨리는 가
슴을 안고 출근했다. 혹시라도 책잡힐 일이 생기지 않도록 모든 조
사 과정을 녹화하기로 했다. 영상 녹화 조사실을 예약하고 속기사
도 배석하도록 조치했다. 신래만 씨가 도착하자 곧 조사가 시작되
었다. 이름, 주민등록번호, 주소지 등 기본적인 인적 사항을 확인한
뒤 본격적으로 질문했다.

"먼저 고소 사실 1항에 대해 묻겠습니다. 피고소인이 토지의 위
치를 잘못 알려줬다고 고소를 했는데, 맞나요?"
"맞지. 그 새끼가 엉뚱한 곳으로 데려가서는, 나중에 보니까 거
기가 아니더라고. 근데 이 검사 놈이, 현장에도 안 가본 새끼가
통 말을 듣지도 않고 지가 뭘 안다고 무혐의라고 해? 무혐의라
니! 그 자식 돈 먹은 게 틀림없어, 나쁜 놈."

신 씨는 진술이 시작되자 지그시 눈을 감더니 허공을 향해 속
사포처럼 말을 내뱉기 시작했다. 진술과 욕설이 뒤섞여서 무슨 말

검사의 대화법

인지 정리를 할 수 없었다. 그의 말을 기록해야 하는 속기사도 난감해했다.

"저기요, 선생님. 선생님? 잠깐만, 잠깐만요~."

내가 다급히 외치며 제지했으나 그는 요지부동이었다. 누가 뭐라고 하든 나는 내 갈 길을 가겠다는 듯이 여전히 눈을 감은 채 자신의 이야기를 쉬지 않고 쏟아냈다. 몇 번이나 같은 과정이 반복되었다. 제발 욕설은 하지 말라고 아무리 말려도, 묻는 사실에 대답을 해달라고 아무리 간청해도 막무가내였다. 도저히 조사를 할 수가 없는 상황이었다. 고민 끝에 나는 고소인의 진술에 개입하지 않기로 했다. 속기사에게는 욕설을 포함해서 고소인이 하는 말을 토씨 하나 빠뜨리지 말고 그대로 적으라고 이야기했다. 그날의 조사는 오후 내내 이어져 네 시간여 만에 끝났다. 그러나 결과는 낭패였다. 고소 사실은 50여 항목이나 되는데, 조사한 항목은 5개 정도밖에 되지 않았다. 결국 신 씨에 대한 조사는 그날부터 매주 1회씩 10여 번에 걸쳐 이루어졌다. 솔직히 조사라고 할 수도 없었다. 그가 일방적으로 하는 이야기를 속기사가 받아 적는 방식이었기 때문이다. 앞서 그를 조사한 경찰관과 수사관, 검사들이 대단해 보였다. 도대체 어떻게 저 말을 알아듣고 조서에 정리를 했을까? 저렇게 두서없이 이야기를 하니 담당 검사도 무혐의 처분을 할 수밖에 없었을 거란 생각도 들었다.

　보통 고소장을 받아 고소인을 조사하게 되면 길어야 20쪽 남짓의 문서로 고소인의 주장을 정리한다. 또 고소장에 적힌 내용을 보고 법률적으로 의미 있는 진술을 뽑아내 정리하는 작업이다 보니 시간도 서너 시간이면 족하다. 그런데 신래만 씨에게는 그런 작업이 통하질 않았다. 결국 그에게서 고소를 한 이유를 듣기까지 무려 10주의 시간이 걸렸다. 고소인의 진술을 기재한 조서의 분량만 해도 500여 쪽에 달했다. 감히 자부하건데 검찰 역사상 이렇게 길게 고소인의 이야기를 들어준 적은 없었을 것이다. 사실 검사인 나보다, 옆에서 참여한 수사관보다, 일주일에 한 번씩 두 달이 넘도록 검찰청에 나와 진술한 신래만 씨보다 훨씬 불쌍한 건 속기사였다. 담당 속기사는 유독 신래만 씨를 조사하는 날만 되면 손가락 운동을 열심히 했다. 신래만 씨 일 때문인지는 모르겠지만 그 속기사는 결국 손가락 관절염이란 직업병을 얻게 되었다.

　어쨌든 우여곡절 끝에 신래만 씨에 대한 조사가 끝났다. 그런데 조사 과정에서 이상한 일이 벌어졌다. 처음에는 신래만 씨의 이야기만 들어주고 피고소인이나 참고인은 조사하지 않고 사건을 끝내려고 했던 마음이 시간이 지날수록 조금씩 바뀐 것이다. 뭐가 욕설인지, 뭐가 주장인지, 뭐가 진술인지 분간이 안 가는 이야기를 계속 듣다 보니 신래만 씨의 말이 무슨 뜻인지 어렴풋하게나마 알게 되었다. 그가 왜 억울해하는지도 알게 되었다. 나아가 신 씨의 주장

검사의 대화법

에 어느 정도 일리가 있을 수도 있겠다는 생각이 들기 시작했다. 결국 신래만 씨에게 땅을 팔았다는 피고소인들을 소환해 다시 조사를 해보았다. 여러 가지 정황에 비추어 보아 피고소인들이 애초에 이야기했던 것과 다른 땅을 보여준 게 맞는 것으로 판단되었다. 피고소인들은 위증죄로 기소되었고, 최종적으로 법원에서 유죄 판결을 선고받았다.

검찰청은 질문을 하는 곳으로 오해하는 경우가 많다. 원인은 잘 모르겠지만 조서가 질문과 답변 형식으로 되어 있기 때문이 아닐까 싶다. 아니면 검사와의 질의응답이 평소에 지인들과 나누는 이야기와 다를뿐더러 오가는 대화의 내용 역시 조금 일상적이지 않아서 그럴지도 모르겠다. 하지만 검찰청은 기본적으로 묻는 곳이 아닌 듣는 곳이다. 묻는 것은 듣는 것을 효율적으로 잘하기 위한 수단에 불과하다.

검찰청은 한자로 '檢察廳'이라고 쓴다. '檢'은 잡도리하거나 단속한다는 의미다. '察'은 살피거나 조사하거나 생각해본다는 의미이고, '廳'은 관청이나 건물을 뜻한다. 즉 검찰청은 (다들 잘 알겠지만) '단속하거나 조사하는 관청'이다. 그런데 '廳'이라는 글자를 풀어보면 '广'자와 '聽'자로 나눌 수 있다. '广'은 집이나 건물을 의미하고, '聽'은 듣는다는 뜻이다. 결국 검찰청은 '살피거나 조사하거나 생각하기 위해 듣는 건물'을 뜻한다. 듣기가 기본 중의 기본인 곳인 셈이다. 듣고도 궁금한 점이 있다면 그때 비로소 물어본다. 정확한 질문, 날카로운 질문을 하기 위해 반드시 필요한 단계가 바로 듣기다.

들을 때에도 그냥 한 귀로 듣고 한 귀로 흘리면 안 된다. 듣기에도 방법이 있다. '聽(들을 청)' 자를 풀면 다음과 같은 뜻이 된다. '왕王의 귀耳로 듣고, 열十 개의 눈目으로 보고, 하나一의 마음心으로 대하라.' 무엇을 들을 때는 그만큼 집중해야 한다는 의미다. 그래야 상대방의 이야기를 제대로 들을 수 있기 때문이다.

신래만 씨의 이야기에 끝까지 인내하지 못하고 듣기를 중단했다면 어떻게 되었을까? 어쩌면 신 씨는 지금까지 ○○지방검찰청 앞에서 큰소리로 누군가를 욕하고 있을지도 모른다. 그리고 그의 고소장은 내 이름까지 들어가 더욱더 두툼해졌을 것이다. 물론 신 씨가 자신의 말을 조금만 조리 있게 설명했더라면 이런 지난한 과정을 거치지 않았을지도 모른다. 사건 처리에 바쁜 경찰관과 수사관, 검사들의 말에 조금만 귀를 기울였다면 그의 억울함이 더 빨리 해소되었을 수도 있다.

듣기는 때로 많은 인내를 필요로 한다. 하지만 모든 대화는 말하기가 아닌 듣기로부터 시작된다. 다른 사람을 이해하려면, 대화를 통해 합의를 이루려면 그 시작은 바로 제대로 된 듣기다. 신래만 씨가 나에게 그걸 알려주었다.

'聽(들을 청)' 자를 풀면 다음과 같은 뜻이 된다.
'왕王의 귀耳로 듣고, 열十 개의 눈目으로 보고,
하나一의 마음心으로 대하라.' 무엇을 들을 때는
그만큼 집중해야 한다는 의미다.

냄새는 얼굴이다

어느 차가운 겨울날 산사 여행길에 올랐다. 여행지로 택한 산사는 꽤 유명한 곳이라 그런지 한겨울인데도 제법 많은 사람들로 북적였다. 낮은 가지에 달린 감은 다 따서 없고 높은 곳에 까치밥만 남겨진 감나무며, 단청을 새로 칠하지 않아 예스러움을 간직한 대웅전이며, 흰 눈을 맞고 우뚝 선 석탑들이며, 눈에 보이는 모든 풍경이 겨울 여행에 딱 맞아떨어졌다. 그런데 풍경보다 더 크게, 아니 더 짙게 다가온 것이 있었다. 그건 어딘가에서 풍겨오는 익숙한 냄새였다. 그 냄새를 맡자마자 순식간에 몇 십 년의 시간을 거슬러 올라가 추억 속의 한 장면이 눈앞에 펼쳐졌다. 그 냄새는 바로 솔방울과 나뭇가지가 타는 냄새였다. 내가 어렸을 때는 낙엽이나 나무를 때 밥을 짓곤 했다. 냄새를 맡자 밥을 짓는 어머니의 모습이 떠올랐고, 그 시절의 추억도 함께 따라왔다. 네다섯 살 무렵의 풍경이 냄새 하나로 소환된 것이었다. 도시에 살면서 나무 타는 냄새를 잊고 살았는데, 저녁 산사에서 우연히 맡게 된 냄새가 그 기억을 되살려주었다. 이처럼 때로는 후각이 인간의 감각 중에 제일 예민하다. 우리가 어른이 되어서도 어렸을 적 맡은 어머니의 젖 냄새나 땀 냄새를 기억하는 이유가 여기에 있다.

하루는 복도에서 만난 한 수사관이 웃으며 인사를 해왔다. 나도 같이 웃으며 인사를 건넸다.

"안녕하세요."
"네, 안녕하세요. 요즘 바쁘시죠?"

일상적인 인사를 나누곤 수사관 옆을 스쳐 지나가는데 이상하고 퀴퀴한 냄새가 났다. '이게 무슨 냄새지? 방금 지나간 수사관에게서 나는 냄새인가? 아무리 일이 바빠도 설마 한여름에 안 씻고 다니는 건 아닐 테고! 이상하네?' 혼자 이런 생각을 잠깐 하다가 잊어버렸다. 두 시간쯤 후에 다른 검사들과의 회의가 있었다. 둘러앉아 회의를 시작했는데 두 시간 전에 그 수사관에게서 났던 냄새가 다시 스멀스멀 느껴지는 게 아닌가. 머리가 아플 정도로 지독한 냄새였다. 나만 그런 게 아니라 회의실 안의 검사들이 모두 코를 붙잡으며 미간을 찡그리고 있었다.

"이게 무슨 냄새야? 무슨 냄새이기에 이렇게 고약하지?"

검사들에게 물었다. 그러자 한 검사가 겸연쩍은 듯 배시시 웃으며 자백했다.

"죄송합니다. 저한테서 나는 냄새입니다."
"아니, 아까 그 방 수사관한테서도 같은 냄새가 나던데, 도대체 무슨 일을 하고 온 거야?"

사연은 이랬다. 시청이나 군청, 구청에 근무하는 공무원들 중에도 경찰처럼 단속을 해서 형사처벌을 할 수 있는 권한을 가진 공무원들이 있다. 주로 환경이나 건축 같은 전문적인 업무를 담당하는 공무원들인데, 특별사법경찰관으로 지정해서 단속 업무를 하게 된다. 어느 날 그분들과 간담회를 갖게 된 한 검사가 요즘 제일 힘든 일이 무엇인지 물었다. 공무원들이 쭈뼛거리면서 쉽게 말을 꺼내지 못하는 와중에 환경 담당 공무원 한 분이 애로 사항을 하나 하소연했다. 관내에 축사가 많아서 날씨만 따뜻해지면 주민들의 민원이 많아진다는 것이었다. 원인은 축사에서 나오는 냄새와 파리, 모기 같은 벌레들이었다. 특히 돼지 축사가 문제였다. 돼지의 배설물은 전문 업체에 맡겨서 처리해야 하는데 돈이 많이 들어 영세한 축산업자들에게는 다소 부담스러운 일이었다. 그래서 축사 주변에 방

치해놓는 경우가 많았다. 그로 인한 냄새와 벌레들이 주민들을 괴롭힌 것은 당연한 수순이었고, 날이 따뜻해지면 창문을 열 수조차 없는 상황에 이른 것이다. 가장 큰 피해자는 어린아이들이었다. 어른들도 두통을 호소할 만큼 독한 냄새에 아이들은 울다 지쳐 잠들기 일쑤였다. 도저히 사람이 살기 어려울 정도로 환경이 악화된 곳도 있었다.

시청과 군청의 담당 공무원들이 현장을 방문해 벌금을 매기겠다고 으름장도 놔보고, 다른 주민들 생각도 해야 되지 않느냐고 달래보기도 했지만 축산업자들은 끄떡도 하지 않았다. 돼지를 길러 한 번 출하하면 당장 몇 천만 원의 수익을 낼 수 있는데, 이를 포기할 수 없었던 것이다. 아무리 단속 권한을 가진 특별사법경찰관이라고 해도 전문적인 수사를 해본 경험이 없으니 막무가내인 축산업자들을 적절히 제어하는 데 한계가 있었다. 결국 공무원들은 이러지도 저러지도 못한 채 손을 놓고 있을 수밖에 없었다. 그걸 전문적인 수사 능력과 경험을 가진 검찰에서 좀 해결해달라는 것이었다.

'저런 자기밖에 모르는 사람들 같으니라고! 도대체 공무원들을 뭐로 보는 거야! 내가 주민들의 고통을 해결해주겠어!'

의기로 가득 찬 열혈 검사가 분기탱천해 해결사로 나섰다. 그는 특별사법경찰관들에게 제일 민원이 심한 곳과 규모가 큰 곳, 그리고 불법으로 투기된 축산 폐기물의 규모를 알 수 있는 사진을 가져다 달라고 했다. 그러고 나선 축사별로 불법성을 검토한 후 수사관, 특별사법경찰관과 함께 현장 점검에 나섰다. 때는 태양이 찌는 듯이 작열하는 8월 염천이었다. 축사가 있는 동네는 입구부터 악취가 심해 사람이 정상적으로 생활하기 어려워 보였다. 흰색 부직포로 만든 방제복으로 온몸을 감싼 점검단은 거의 땀으로 목욕을 한 채 현장에 도착했다. 현장은 말로 표현할 수 없을 지경이었다.

　그 현장에 다녀온 수사관과 검사가 차례로 복도와 방에서 나와 마주친 것이었다. 현장에는 가보지도 않은 내가 짧은 순간 스치듯이 맡은 냄새만으로도 상황의 심각성이 느껴졌다. 그런 냄새를 주민들은 몇 년 동안이나 감내하며 살고 있었던 것이다. 결국 수사를 거쳐 축산업자들이 불법으로 투기한 축산 폐기물은 모두 제거되었다. 사실, 검사가 현장에 나간 것만으로도 수사는 이미 끝난 것이나 다름없었다. 코끝을 통해 주민들의 고충을 실제로 겪어본 검사의 수사 의지가 치솟았기 때문이다. 게다가 그 검사가 의도하지는 않았어도 결과적으로 상급자인 나를 비롯한 동료 검사들에게 주민들의 고통을 간접적으로 전하기도 했다. 자신의 몸에 밴 현장의 냄새로 말이다. 말이나 문자로는 충분히 전달할 수 없는 사안의 심각성을 냄새 하나로 확실하게 전달한 것이다. 수사를 할 수밖에 없는 당위성을 인정받는 것은 물론, 처벌의 수위를 결정하는 데에도 그 냄새가 크게 기여했음을 부인할 수 없다.

말이나 문자로는 충분히 전달할 수 없는
사안의 심각성을 냄새 하나로
확실하게 전달한 것이다. 수사를 할 수밖에 없는
당위성을 인정받는 것은 물론, 처벌의 수위를
결정하는 데에도 그 냄새가 크게
기여했음을 부인할 수 없다.

그런데 이 사건은 담당자에게 한 가지 커다란 후유증을 남겼다. 현장에 다녀온 검사와 수사관이 그 후로 삼겹살을 쳐다보지도 못했던 것이다. 그들은 삼겹살만 보면 그날의 기억과 함께 현장의 냄새가 코끝에 맴도는 것 같다고 했다. 그 냄새의 기억이 얼마나 강력했으면 맛있는 삼겹살을 눈앞에 두고도 입안에 넣지 못했을까. 덕분에 한동안 회식 메뉴는 삼겹살 대신 소고기였고, 내 주머니가 좀 가벼워졌다.

평검사 시절에 연이어 모시던 분들 중에 스타일이 다른 두 분이 계셨다. 한 분은 다른 것은 전혀 신경을 쓰지 않고 업무에만 몰두하는 스타일이었다. 모든 것의 중심에 업무가 있었다. 그분은 언제나 업무와 관련된 무언가를 하고 계셨다. 체력이 그렇게 강하신 분도 아닌데 항상 일에 집중하고 있었다. 누군가가 바라보는 내 모습이 저런 모습이었으면 좋겠다는 생각이 들 정도였다.

다른 한 분도 업무에 있어서는 뒤지지 않았다. 업무를 챙기는 건 기본이었다. 그런데 그분에게는 특별한 습관이 하나 있었다. 그것은 본인에게서 나는 냄새에 늘 신경을 쓴다는 점이었다. 윗분들에게 보고를 하러 갈 때면 꼭 양치를 하거나 가글을 했다. 향수를 살짝 뿌리는 것도 잊지 않았다. 평소에 그런 곳에 무신경하던 나로서는 매우 생소해 보였다. 기회를 노리다가 그분께 이유를 여쭤보았다.

검사의 대화법

"부장님께서는 보고를 하러 가실 때 가글을 새로 하시거나 향수를 뿌리시던데 특별한 이유라도 있으신가요?"

"양 검사! 그건 보고를 드리는 사람 입장에서는 당연한 거야. 나는 단지 한 건의 보고를 드리는 것에 불과하지만, 보고를 받으시는 분 입장에서는 그게 아니잖아. 나만 보고 드리는 게 아니라 여러 부장들이 보고를 한다고. 그렇게 중요한 보고를 여러 건 받다 보면 얼마나 머리가 아프시겠어. 그런데 보고를 하러 들어온 사람한테서 땀 냄새나 입 냄새가 심하게 풍기면 머리가 더 아프실 거 아냐. 나라면 괜히 짜증이 나서 금방 결재를 해줄 일도 이 트집, 저 트집, 쓸데없는 트집을 다 잡을 것 같아."

이렇게 말씀하시는 것이었다. 듣고 보니 맞는 말이었다. 나도 가끔 냄새를 심하게 풍기는 사람과 이야기하는 것이 괴로울 때가 있었기 때문이다. 그러면서 나한테서도 좋지 않은 냄새가 날 수도 있다는 사실은 전혀 인식하지 못하고 있었다. 단순한 예의의 문제가 아니었다. 결재를 받아내는 기술의 문제이기도 했다. 그래서 그런지 그 부장은 조금 까다로운 결재도 쉽게 척척 받아내곤 했다.

사람의 감각 중 제일 먼저 주변 환경에 익숙해지는 것이 후각이라고 한다. 그래서 악취도 오랫동안 맡으면 후각이 그 냄새에 적응해 더 이상 느껴지지 않는다. 화장실에 들어갔을 때 처음에는 구릿한 냄새가 나다가도 조금 지나면 아무렇지 않아지는 것이 그 예다. 그러니 어찌 보면 사람의 감각 중 가장 둔한 것이 후각이라고도 할 수 있겠다. 하지만 냄새에 익숙해져 더 이상 느끼지 못하더라도, 혹은 그 냄새가 사라지더라도 뇌는 그 냄새를 기억해둔다. 그리고 나중에 비슷한 냄새를 느끼면 그때의 기억을 되살려 그 사람이 누구인지, 이것이 어떤 상황인지 구분할 수 있게 해준다.

냄새는 얼굴이나 체격처럼 그 사람의 정체성을 결정 짓는 또 하나의 징표다. 그래서 나의 냄새가 다른 사람에게 어떻게 기억되고 있는지 한 번쯤 살펴보는 일은 아주 중요하다. 냄새는 나의 또 다른 얼굴이다.

음식에 담긴 마음

어떤 기자가 자신의 SNS를 통해 이렇게 고백했다.

'내 소울푸드는 순댓국이다. 군 복무를 하던 원주에서 서울로
가는 버스를 타기 전, 꼭 터미널 앞에 있는 식당에서 순댓국을
먹었다. 진한 순댓국의 냄새를 맡으면 이제 정말 사바세계에서
극락세계로 건너가는 기분이었다.'

음식 하나로 사바세계에서 극락세계로 건너갈 정도라니 얼마
나 황홀한가! 그것도 샥스핀이나 소갈비 같은 비싸고 귀한 것이 아
닌 소박한 순댓국 한 그릇으로 그런 경험을 할 수 있다니! 이처럼
누구에게나 기억 속에 아련하게 남아 있는 음식이 하나씩 있는데
그게 바로 '소울푸드'다. 그렇다면 검찰청에도 검찰청만의 소울푸
드가 있을까? 중요한 사건을 수사하다 보면 피의자가 먹은 음식까

지도 관심의 대상이 된다. 그런 관심을 충족시키기 위해 기자들이 현관에서 배달원을 붙잡고 노트북을 펼치기도 한다. 과연 검찰청의 소울푸드는 어떤 음식일까?

어느 날 아침, 평소보다 일찍 출근을 했는데 복도에 낯선 초로의 신사 한 분이 서성이고 있었다.

'누구지? 아직 8시도 안 됐는데 이렇게 일찍 무슨 일일까? 우리 방에서 소환한 분은 아닌 것 같은데?'

좀 이상했지만, 내가 모르는 분이어서 곧 잊어버렸다. 그러고 나서 오전 일과를 마칠 즈음 점심 식사를 하러 가려는데 옆방을 쓰는 검사가 찾아왔다. 소환 조사 중인 피의자와 식사를 하려는데 마땅한 곳이 없으니 내 집무실을 좀 빌려달라는 것이었다. 집무실은 조사실과는 다른 별도로 독립된 공간이다. 사실 집무실이라고 해봐야 주로 배달 음식을 시켜 먹는 용도로 사용된다. 또 조사실은 사건관계인들이 자주 왔다 갔다 하기 때문에 집중해서 기록을 보기엔 좀 산만한 면이 있다. 그래서 청사 사정이 좋은 검찰청은 검사별로 조사실과 집무실을 따로 두기도 한다. 하지만 당시 내가 근무했던 곳은 그렇지 못했다. 부별로 경력이 높은 검사 한 명 정도에게만 집무실이 딸린 방이 배정되었다. 그래서 그날도 후배 검사가 식사

공간으로 쓸 요량으로 집무실을 빌려달라 한 것이다. 늘 있는 일이어서 당연히 그렇게 하라고 답한 후 점심을 먹고 왔다. 오후 일과를 마치고 야근을 하기 위해 저녁을 먹으러 나서려는 때였다. 옆방의 검사가 다시 찾아왔다.

"형님! 집무실 한 번만 더 빌려주세요. 피의자하고 같이 저녁 먹으려고요."
"또? 무슨 중요한 사건 조사하는가 보네."
"아니, 뭐 그냥 그런 사건이에요."

어쨌든 후배는 다시 피의자와 함께 저녁을 먹었다. 나중에 알고 보니 그날 후배가 조사한 사람은 꽤 유명한 기업의 소유주로, 이름만 대면 누구나 알만한 사람이었다. 그래서 다른 사람들의 눈을 피해 예정 시간보다 일찍 출석해 복도를 서성였던 것이다. 식사를 밖에서 할 수 있었는데도 일부러 배달 음식을 주문해 먹은 이유도 사람들의 이목이 부담스러워서였다.

검사실에서는 피의자나 참고인과 함께 식사하는 경우가 종종 있다. 앞선 예처럼 얼굴이 노출되기를 꺼리는 경우, 조사 대상자가 노출되면 수사 보안이 유지되기 어려운 경우, 유명 인사처럼 밖에 나가면 기자들이 따라붙어 제대로 식사를 하기 힘든 경우 등이 그렇다. 통상 이런 경우 검사실에 있는 실무관이 배달 음식을 주문해

준다. 물론 피의자나 참고인에게 먼저 먹고 싶은 메뉴를 물어보지만, 피의자나 참고인 중 대다수는 음식에 신경 쓸 겨를이 없다. 음식이 배달되어 와도 그걸 전부 먹는 사람은 매우 드물다. 평생 한 번 올까 말까 한 곳에서 먹는 음식이 과연 맛있게 느껴질까? 아무리 진수성찬이라도, 산해진미로 가득하더라도 입맛에 맞지 않을 것이다. 그런데 그 피의자는 달랐다. 점심과 저녁에 배달된 음식을 바닥까지 깨끗이 비웠다. 오히려 입이 짧고 오랜 조사에 지친 검사가 음식을 남겼다.

누구나 음식을 먹으면 포만감을 느낀다. 사람뿐만 아니라 살아 있는 모든 것들이 그렇다. 때때로 포만감은 그때까지 가지고 있던 긴장감이나 마음의 장벽을 느슨하게 만든다. 그때 그 피의자도 그랬던 걸까? 당시 피의자는 수백억 원대 배임 혐의로 고소된 상태였다. 그런데 아침부터 저녁까지 조사가 끝난 후 그의 범죄 혐의에는 배임죄와는 전혀 다른 수백억 원대 횡령이 추가되었다. 게다가 주임 검사에게 들어보니 배임은 물론, 횡령 혐의에 대해서도 모두 깨끗이 자백했다는 것이다. 여느 기업 사건과는 매우 다른 모양새였다. 변호사가 없던 것도 아니었다.

그는 도대체 왜 그랬을까? 지금도 가끔 그때를 생각하면 바닥까지 완전히 다 긁어먹었다던 피의자의 밥그릇이 떠오른다. 그리고 또 생각한다. '혹시 그때 먹었던 음식이 그 피의자의 소울푸드는 아니었을까?' 하고.

검사의 대화법

검사실의 대표적인 소울푸드는 두 가지다. 그중 하나는 짜장면이다. 짬뽕도 아니고 삼선짜장도 아닌, 그냥 짜장면 말이다. 어렸을 적에는 짜장면을 먹을 일이 1년에 한 번 있을까 말까 할 만큼 드물었다. 졸업식이나 입학식 같은 중요한 행사를 치러야 겨우 한 그릇 먹을 수 있었다. 훈련소에서 나와 제일 먼저 먹은 음식도 짜장면이었다. 모르긴 몰라도 지금 40대를 넘어선 사람들 중 많은 이들이 자신의 소울푸드로 짜장면을 꼽지 않을까? 그래서인지 조사를 하다가 식사를 주문할 때 먹고 싶은 메뉴를 물으면 짜장면을 기억 속에서 소환하는 경우가 많다. 훈련소에서 나가면 꼭 먹고 싶은 음식, 검사실에서 나가면 꼭 먹고 싶은 음식. 이쯤 되면 짜장면이 자유를 상징하는 음식이 되었다고 봐도 무방하지 않을지.

시인 함민복은 〈눈물은 왜 짠가〉라는 산문시에서 어머니와 고깃국에 얽힌 가난했던 시절의 추억을 이야기했다. 시에서 시인의 어머니는 고깃국을 먹자며 설렁탕집으로 향한다. 시인의 어머니가 '고깃국' 하면 설렁탕을 떠올렸듯이 없이 사는 사람에겐 입으로 누릴 수 있는 최고의 호사가 설렁탕이었다. 검사실의 소울푸드 두 가지 중 나머지 하나도 설렁탕이다. 짜장면이 자유를 상징한다면 설렁탕은 자신의 과거를 회상하는, 또는 잘살고 싶은 욕망을 떠올리게 만드는 음식이 아닐까?

검사는 통상 2년에 한 번씩 임지를 옮긴다. 전국 각지를 옮겨 다니다 보면 각 지역의 특유한 음식들을 만날 수 있다. 부산에서 근무할 때는 돼지국밥과 밀면을 난생 처음으로 먹어보았다. 광주에서는 백반 하나만 시켜도 반찬이 10여 가지가 넘게 나오는 것을 보고 입이 떡 벌어지곤 했다. 특히 광주의 음식은 다른 지역이 결코 따라오지 못할 만한 수준이었다. 그래서 '남도 음식'이라는 말이 고유명사처럼 쓰이는지도 모르겠다. 공주의 음식으로는 동학농민군이 먹었다는 이야기가 전해 내려오는 소고기 국밥이 단연 최고였다. 어떤 지역의 음식을 생각하면 그때 그 음식을 같이 먹었던 사람들, 그때 나누었던 이야기들이 아스라이 떠오른다. 음식이란 그런 것이다. 추억과 함께 기억을, 기억과 함께 사람을 소환하는 것이다. 그리고 사람이 소환되면 사건도 소환된다.

검사에게만 음식이 그런 존재이겠는가. 검사라고 해서 특별히 다른 입맛을 가진 것이 아니다. 생선을 좋아하지 않는 사람에게 매운탕을 대접하면서, 돼지고기를 먹지 않는 사람에게 삼겹살을 대접하면서 진솔한 대화를 나눌 수 있을까? 마음을 담지 않은 음식으로 그 사람의 마음을 열 수 있을까?

음식은 대화의 물꼬를 틀 수 있는 무궁무진한 잠재력을 가졌다. 사람마다 제각기 음식에 대해 여러 가지 이미지를 가지고 있기 때문이다. 한 사람이 어떤 음식에 대해 가지는 이미지를 결정하는 요소 중 가장 기본적인 것은 당연히 맛과 영양이다. 배고픔을 해결하기 위한 수단으로 보는 것도 같은 관점에서 음식을 바라본 것이

생선을 좋아하지 않는 사람에게
매운탕을 대접하면서, 돼지고기를 먹지 않는
사람에게 삼겹살을 대접하면서 진솔한 대화를
나눌 수 있을까? 마음을 담지 않은 음식으로
그 사람의 마음을 열 수 있을까?

다. 사람들이 식당을 찾을 때 가장 먼저 따지는 조건이 '맛있는 것' 혹은 '몸에 좋은 것'이라는 점을 생각해보면 알 수 있다. 요즘 부는 맛집 열풍 역시 맛과 영양이라는 음식의 기본적인 기능에 기초한다. 김치찌개나 돈까스 같은 대중적인 음식을 파는 식당 중에도 사람들이 몰리며 열광하는 맛집이 있는 이유가 바로 맛의 차별화 때문이 아닐까 싶다.

음식의 이미지는 분위기와도 밀접한 관련이 있다. 같은 음식도 어느 곳에서 먹느냐에 따라 그 이미지가 완전히 달라진다. 꽃피는 봄날 사무실에서 먹는 도시락과 공원에서 먹는 도시락을 떠올려보면 그 뜻을 분명히 이해할 수 있을 것이다. 하루 종일 제한된 공간에서 일하는 직장인들에게는 한 시간의 점심시간이 무척 소중하다. 일상에서, 업무에서 벗어나 숨을 돌릴 수 있는 유일한 시간이기 때문이다. 그래서 음식은 풍경과 함께 소비되기도 한다. 같은 음식을 먹어도 어떤 풍경 속에서, 어떤 분위기 속에서 먹었는지에 따라 기억과 감상이 달라지는 이유가 여기에 있다.

때때로 사람은 음식을 먹는 게 아니라 추억을 먹는다. 비지찌개를 먹다가 어렸을 때 어머니가 끓여주셨던 맛이 그리워지기도 하고, 돈까스를 먹다가 첫사랑과 자주 갔던 경양식집에서의 추억이 소환되기도 한다. 비싸거나 고급스러운 음식이 무조건 최고의 음식이 아닌 것은 이 때문이다. 한 끼의 식사로 소중한 추억을 되새길 수 있다면 그보다 더 값지고 좋은 음식이 또 어디에 있겠는가.

검사의 대화법

이처럼 음식은 대화를, 인간관계를 이끌어가는 아주 중요한 매개체다. 영화 〈웰컴 투 동막골〉 중 이장이 "뭘 좀 마이 멕여야지"라고 말하는 장면에서 '잘 멕여야 한다'는 것은 단순히 '배불리 멕여야 한다'는 의미에 그치지 않는다. 마음까지 챙겨서 잘 먹여야 하는 것이다.

대화에 음식을 곁들일 때는 맛과 영양, 분위기, 추억 중 어느 것에 집중할 것인지 선택해야 한다. 이 세 가지 요소 가운데 상대의 마음을 풀어지게 만들 만한 것이 무엇인지 잘 살펴 결정하는 것이 중요하다. 그에 따라 대화의 성패가 갈릴 것이기 때문이다. 그나저나 그날 그 초로의 신사가 바닥까지 싹싹 비운, 스스로의 죄를 자백하게 만든 음식은 도대체 무엇이었을까?

침묵도 대화다

한때 특별 수사 분야에서 크게 이름을 떨쳤던 선배 검사를 모시고 일할 기회가 있었다. 그분은 종종 여러 사건에 대한 수사 경험을 후배들에게 들려주곤 했다. 수사에 관한 노하우나 에피소드 정도였는데 그중에서 좀 특별한 게 있었다. 대화와 침묵에 관한 이야기였다.

어떤 사건의 피의자가 막무가내로 혐의를 부인했다. 관련된 물적 증거도 명백하고 참고인들의 진술도 혐의를 뒷받침해줬음에도 피의자는 말도 되지 않는 핑계를 대면서 자신의 범행을 인정하지 않았다. 선배는 화도 나고 더 이상 말이 통하지 않겠다 싶었다. 그래서 그 사람이 하는 말을 듣기만 하면서 질문 대신 차라리 침묵을 택하자고 마음먹었다. 담당 검사가 말이 없어지자 피의자는 자신의 말이 먹힌다고 생각했는지 신이 나서 더 떠들었다. 그런데 10분이 지나고, 20분이 지나고, 30분이 지나도록 검사가 아무 말도 하질 않으니 조금씩 초조해지기 시작했다. 나중에는 제발 무슨 말이라도 해달라고 읍소를 할 지경이었다. 그래도 검사는 하고 싶은 말을 모두 하라는 듯이 오직 침묵으로 일관했다. 그렇게 한 시간가량이 지나자 피의자가 먼저 항복을 선언했다. 자신의 혐의를 인정했을 뿐만 아니라 구체적인 상황까지 진술한 것이다.

계속된 추궁에 꿈쩍도 하지 않던 피의자가 침묵에 동요한 이유는 뭘까? 그저 검사의 침묵이 무서워서 그랬던 걸까? 아니면 스스로가 하고 있는 주장을 곱씹어보면서 그 말이 어불성설이라는 것을 느낀 것일까? 그 이유까지야 알 수 없었지만 의도치 않은 침묵이 예상 밖의 결과를 가져온 것은 분명했다.

검사만 침묵으로 대화하는 것이 아니다. 때로는 조사를 받는 사람이 침묵으로 대화를 시도하기도 한다. 바로 진술거부권을 행사하는 경우다. 진술거부권은 법적으로 보장되어 있는 권리다. 혹시라도 자신에게 불리한 대답을 하게 될까봐 진술거부권을 행사하는 경우가 많다. 또 수사기관을 인정하지 않겠다는 무언의 항의 표시로 행사하기도 한다. 그런데 진술거부권을 행사해 답변을 거부할 때에도 그 태도를 보고 답변하는 사람의 내면이나 심정을 어느 정도 짐작할 수 있다.

예를 들어보자. 임기응 씨가 승용차를 운전하고 가다가 교차로에서 사고를 냈다. 반대편 차로에서 좌회전하던 오로지 씨의 승용차를 들이받은 것이다. 임기응 씨는 신호가 바뀌었는데도 불구하고 무리하게 진입했다. 그럼에도 사고 직후부터 자신은 신호를 위반하지 않았다고 일관되게 주장하고 있었다. 결국 임 씨는 수사기관에서 조사를 받게 되었다. 조사실에 들어선 임 씨는 진술을 거부하기로 마음먹었다. 수사기관에서 진술을 해봐야 유리할 게 없으니 법원에서 다투겠다는 생각이었다.

"성함이 어떻게 되시나요?"

"……."

"주민등록번호는 어떻게 되시나요?"

"……."

"주거지는 어디인가요?"

"……."

임기웅 씨는 처음부터 모든 질문에 대답하지 않았다. 여기까지는 임 씨의 표정이나 태도에 변화가 없을 가능성이 높다. 검사가 특별한 질문이나 증거를 제시하지 않았으니 임 씨 입장에서는 흔들릴 이유가 없는 게 당연하다. 그러던 중 검사가 임 씨의 사고 장면이 찍힌 CCTV 영상을 보여주면서 이렇게 물었다.

"이건 사고 장면이 찍힌 CCTV 영상입니다. 영상에서는 당시에 임기웅 씨가 운전하는 차량이 신호가 바뀐 상태에서 교차로에 진입한 것으로 보이는데, 임기웅 씨가 보기에는 어떤가요?"

임 씨는 여전히 입을 굳게 다문 채 아무 말도 하지 않았다. 하지만 그의 표정과 태도는 좀 달랐다. 순간적으로 스쳐 지나간 미세한 반응이었지만, 어쨌든 변화가 있었다. 그는 괜히 시선을 돌려 허공을 보고, 코끝을 씰룩거리고, 헛기침을 했다. 임기웅 씨가 흔들림을 보인 것은 진실을 보여주는 증거 앞에 양심이 찔렸기 때문이다. 사람이라면 누구나 양심을 가지고 있다. 나쁜 마음을 먹었더라도 누군가 양심을 건드리면 머릿속에서, 혹은 가슴속에서 어떤 반응이 일어난다. 그 반응을 기계적으로 측정하는 것이 거짓말탐지기다.

말하기를 좋아하는 사람도 있고, 말하기보다는 침묵하기를 좋아하는 사람도 있다. 침묵을 견디지 못하는 사람도 있다. 그런데 말하기를 좋아하는 것과 말을 잘하는 것은 다르다. 또, 말을 잘하는 것과 말을 적절하게 하는 것 역시 다르다. 그럼에도 질문이라는 형태를 통해 어떻게든 말을 해야 한다는 직업의식 내지는 강박에 시달리는 사람들도 있다. 바로 기자라는 직업을 가진 사람들이다.

온 국민의 관심이 집중된 큰 사고가 일어났을 때의 일이다. 경찰과 검찰에서 철저한 진상 규명을 위해 합동으로 수사본부를 꾸렸다. 나도 그중의 일원으로 파견되어 공보 분야를 전담하게 되었다. 실제 사고 현장과 본사가 있는 곳이 달라 전국 여러 곳에서 동시에 수사가 진행되었다. 수사기관뿐만 아니라 정부 각 기관이 총동원되어 사고에 대처하는 상황이었다. 조그마한 일손 하나도 아주 귀하게 여겨질 만큼 긴박하고 분주했다.

사정이 이렇다 보니 언론사에서도 난리가 났다. 취재 인력과 지원 인력이 모자랐기 때문이다. 원래 사건을 담당해야 할 사회부 기자들만으로는 턱없이 부족했다. 여기저기에서 기자들을 끌어모아 현장에 투입했다. 사회부와 관련이 없는 정치부, 문화부, 체육부 기자들까지 취재에 동원되었다. 심지어 수습기자들까지 나서서 독자적으로 취재를 할 수밖에 없는 상황이 벌어지기도 했다. 외신 기자들도 예외는 아니었다. 취재를 하러 온 외신 기자들 중에는 우리나라 말을 잘 모르는 이들도 더러 있었다. 각종 단독과 특종을 차지하기 위한 취재 경쟁이 격화되었다. 그 과정에서 확인되지 않은 사실이 보도되는 바람에 수사본부의 입장이 난감하기 짝이 없어질 때가 한두 번이 아니었다.

결국 하루에 한 번씩 기자들을 상대로 브리핑을 하기로 했다. 취재에 목마른 기자들이 브리핑실로 몰려들었다. 대강의 수사 상황을 설명하고 기자들을 상대로 질문을 받았다. 그런데 기자들의 질문이 참으로 난감했다. 법적인 문제나 사건의 수사와 전혀 동떨어진 질문들이 대부분이었기 때문이다. 때로는 보도를 위한 질문이 아닌 자신의 궁금증이나 학습 의욕을 해소하기 위한 질문이라는 생각까지 들 정도였다.

검사의 대화법

"체포와 구속이 어떻게 다른가요?"

"구속이 되면 경찰에 며칠 정도 있다가 검찰로 송치되나요?"

　대충 이런 질문들이었다. 이 정도 질문은 그래도 양반이었다. 아무런 기초 지식 없이 무턱대고 얼토당토않은 질문을 해대는 경우도 많았다. 이런 무분별한 질문으로 인한 피해는 다른 기자들에게 돌아갔다. 질의응답 시간은 한정되어 있는데 엉뚱한 데 시간을 쏟다 보니 정작 물어봐야 할 사항을 물어보지 못하는 경우가 허다했기 때문이다. 적절한 질문거리가 떠오르지 않는다면 차라리 법조 기자 경험이 있는 다른 이에게 기회를 양보하는 게 더 현명한 선택이 아닐까 싶었다. 그랬다면 오히려 더 좋은 기사를 쓸 수 있었을지도 모른다.

　부적절한 질문은 다른 사람에게 폐를 끼칠 수도 있다는 사실이 여실히 증명된 사례였다. 사실, 이런 사례는 심심찮게 일어난다. 수업 중에 일어날 수도 있고, 회의 중에 일어날 수도 있고, 강연 중에 일어날 수도 있다. 일대일로 이루어지는 수업이나 소수가 모여서 하는 회의나 강연에서는 이런 질문이 필요할 때도 있다. 하지만 여러 사람이 한정된 시간 속에서 대화하는 경우라면 혹시나 내 질문이 다른 사람의 소중한 시간과 기회를 빼앗는 것은 아닐지 한 번 더 생각해보는 것이 좋다.

침묵은 금이라는 말이 있다. 하지만 모든 대화에서 적용 가능한 말은 아니다. 소수의 사람들끼리 나누는 대화에서 지나치게 침묵을 지키는 것은 금이 아니라 '금물'이다. 이는 상대방에 대한 예의가 아닐뿐더러 경우에 따라서는 상대에게 좋지 않은 인상을 남기게 될 수도 있다. 좋은 관계를 유지해나가려면 아무리 말수가 적은 사람이라도 간단한 리액션 정도는 필수다. 오죽하면 '여우와는 살아도 곰과는 살 수 없다'는 말이 나왔겠는가. 그렇다고 해서 모든 상황에서 반드시 말을 해야 하는 것은 아니다. 때와 장소에 따라서는 말 대신 침묵이 필요한 경우도 있다. 특히 다수가 한정된 시간 내에서 대화를 나눌 때에는 침묵이 다른 어떤 말보다 강력한 힘을 발휘하기도 한다.

침묵에 대한 오해는 '침묵이란 대화를 하지 않는 것'이라고 생각하는 데서 온다. 하지만 침묵하는 순간에도 사람들은 표정이나 손짓, 발짓으로 끊임없이 대화한다. 나아가 다른 사람의 말하기를 받아들이는 것, 잘 듣는 것도 대화의 일종이다. 꼭 말로써 참여해야만 대화가 되는 것은 아니다. 침묵도 대화다.

검사의 대화법

침묵하는 순간에도 사람들은

표정이나 손짓, 발짓으로 끊임없이 대화한다.

나아가 다른 사람의 말하기를

받아들이는 것, 잘 듣는 것도 대화의 일종이다.

꼭 말로써 참여해야만

대화가 되는 것은 아니다.

말은 부메랑이 되어 돌아오기 마련

대학 시절의 일이다. 지금도 그렇지만, 당시의 나는 말주변이 썩 좋지 않았다. 친구들과 미팅에 나가면 침묵을 유지하는 것으로 부족한 말솜씨를 포장하곤 했다. 말수가 적다는 것은 뭔가 있어 보이기도 했기 때문이다. 신비주의 전략이라고 해야 할까? 의외로 이 전략이 잘 통해서 성공적인 결과를 거둔 적도 종종 있었다. 그래도 말주변이 좋은 친구들이 부러운 것은 어쩔 수 없었다.

친구 중에 말주변이 남달리 좋아 인기가 많은 녀석이 있었다. 미팅이나 길거리 헌팅에서도 그 친구는 성공률이 월등히 높았다. 생전 처음 보는 사람에게 어떻게 그렇게 쉽게 말을 걸 수 있는지 나로서는 신기하고 부러울 따름이었다. 더구나 상대가 마음에 드는 이성이라면 더더욱 떨릴 텐데, 그런 티를 내지 않고 용기 있게 말하는 비결이 뭔지 궁금했다. 기회를 엿보던 어느 날 친구에게 그 비결을 물었다. 하지만 호락호락하게 자신의 비법을 알려줄 리 없었다.

친구는 무림의 고수만이 쓸 수 있는 비급이라는 둥 너무 많이 알면 다친다는 둥 이런저런 핑계를 대며 알려주려 하지 않았다. 그렇다고 포기할 수는 없는 노릇. 몇 차례 막걸리를 사다 바치면서 조른 끝에 드디어 그 친구의 비급 하나를 얻을 수 있었다. 친구가 알려준 방법은 이랬다.

> "첫마디를 건네는 순간에 승부는 이미 결정 난 것이나 다름없어. 내가 한 첫마디가 상대방에게 통하면 성공하는 것이고, 통하지 않으면 나중에 아무리 좋은 말을 덧붙여도 통하지 않아."

그러면서 크게 생색을 내며 필살기 하나를 가르쳐주었다. 첫마디로 이렇게 질문을 던진다.

> "풀 있어요?"

그러면 상대방은 무슨 말인지 몰라 얼떨떨해한다. 상대가 '왜요?'라고 되묻는다면 그 타이밍을 놓치지 말고 재빨리 필살기를 발휘하는 것이다.

> "그쪽한테 말 좀 붙여보려고요."

상대방이 이 말에 반응해 피식 웃으면 그다음부터는 탄탄대로를 걷게 된다는 것이다. 그렇다면 나는 그 친구가 알려준 무림의 비급으로 헌팅에 성공했을까? 결론적으로는 실패했다. 아니 아직까지 미완의 비급으로 남아 있다는 게 더 맞는 표현일 것 같다. 나는 친구로부터 받은 절세의 비급을 아직까지 한 번도 써먹어보지 못했다. 강호에는 고수들이 너무 많았고, 결정적으로 낯가림이 심한 나는 도저히 모르는 사람에게 말을 걸 용기가 없었기 때문이다. 그러니 이 기술이 실제로 얼마나 잘 먹히는지는 알 수 없었지만 친구가 해준 말만큼은 내게 아주 좋은 충고로 남았다. 첫 만남에, 첫마디에 상대방을 미소 짓게 해야 한다는 것. 그래야 상대방의 마음에 걸려 있는 빗장을 풀 수 있다는 것. 이것이 친구가 가르쳐준 비급의 핵심이었다.

그렇다면 그냥 재미있는 말만 하면 될까? 친구의 비급을 전수받은 뒤 고민 끝에 내 나름대로는 재미있는 유머를 하나 발명(?)했다. '이 정도면 분명히 재미가 있을 거야'라고 스스로를 대견해하며, 이 유머를 써먹을 날만을 손꼽아 기다렸다.

기회는 우연히 찾아왔다. 고등학교 친구들과 같이 버스를 타고 가며 이런저런 이야기를 하던 중에 한 친구가 이상한 말을 했다. 구체적인 내용은 기억나지 않지만 상식적으로 누구나 알 수 있는 이야기를 완전히 틀린 내용으로 이야기했다. 드디어 나의 재치를 발휘할 절호의 찬스가 생겼다고 생각했다. 그래서 준비해둔 필살기를

검사의 대화법

꺼내들었다.

"야! 너는 머리를 액세서리로 달고 다니냐? 그것도 모르게!"

역시나 기대한 대로 다른 친구들이 '와하하' 하고 크게 웃었다. '그럼 그렇지. 나의 필살기가 통하는구나. 오랜 노력이 헛된 게 아니었어' 하는 뿌듯한 마음을 감출 수 없었다. 그런데 내 필살기의 대상이 된 친구의 낯빛이 갑자기 변했다. 친구는 크게 화를 냈다. 고등학교 때부터 친했던 친구인 데다가 평소 성격도 좋은지라 유머로 받아들일 줄 알았는데, 아니었던 것이다. 실수를 깨달은 나는 친구에게 사과했고, 한 가지 배움을 얻었다.

'나한테 재미있다고 해서 상대방에게도 재미가 있는 것은 아니구나. 유머도 골라서 해야 하는 거고, 특히 상대방의 기분을 상하게 하는 말은 의도가 무엇이든 유머라고 할 수 없는 거구나. 그러느니 차라리 침묵의 길을 택하는 것이 낫겠다.'

대충 이런 것이었다. 이 일을 계기로 굳게 다짐하긴 했지만 그 후로도 유머라고 뱉은 말이 가끔 말실수가 되어 돌아오곤 했다. 말이 부메랑이 되어 돌아와 내 마음에 생채기를 남길 때마다 상대방을 먼저 생각하고 유머를 던지자고 재차 마음먹었다. 그렇게 꾸준히 다짐한 덕분인지, 나이를 먹은 덕분인지 다행히 요즘은 상대방이 듣고 마음 상할 법한 유머를 입 밖으로 내는 일이 크게 줄었다.

이런 실수를 나만 하는 것은 아닐 것이다. 사회생활을 하다 보면 이런 일이 드물지 않게 일어난다. 예를 들어보자. 어느 기자가 사람들의 입에 자주 오르내리는 중요한 인물을 취재하고 있었다(물론 좋은 일로 오르내리는 건 아니었다). 유리해라는 이름의 그 인물은 평소 사기꾼 취급을 받았고, 도덕적으로 굉장한 비난을 받던 중이었다. 수사기관에서 매우 좋지 않은 혐의로 수사를 받고 있기도 했다. 취재만 아니라면 만나고 싶지 않을 만큼 형편없는 사람이었지만, 기자는 그 사람을 만나 이야기를 들어야만 했다. 자신뿐만 아니라 다른 언론사들도 유리해 씨를 인터뷰하기 위해 혈안이 되어 있는 상황이었다. 지성이면 감천이라더니, 여러 지인을 거쳐 수소문한 결과 유 씨를 만날 기회를 간신히 얻었다.

은밀한 접촉 끝에 시내 모처에 있는 호텔에서 유리해 씨를 만났다. 악수를 나누고 인사를 건네는 짧은 순간에도 유 씨가 무척 초조한 상태라는 것을 분명히 알 수 있었다. 그는 굳은 표정으로 주위를 연신 두리번거렸고, 기자와는 눈도 제대로 마주치지 못했다. 대체로 이런 사람들은 자기방어기제가 작동하고 있으므로 쉽게 입을 열지 않는다.

"회장님!"

기자가 첫마디를 이렇게 떼자 유 씨가 움찔했다. '유리해 씨'라고 이름을 부를 줄 알았는데 회장님이라고 부른 것에 놀랐기 때문이다.

"요즘 힘드시죠. 식사는 좀 하셨나요?"

그러자 유 씨의 안색이 조금 풀리는 것처럼 보였다. 그러고 나서도 기자는 한참이 지나도록 취재와 관련된 이야기를 하지 않았다. 사건과 무관한 다른 사람들의 이야기를 꺼내 흥미를 돋우거나, 유행하는 아재 개그로 웃음을 자아냈다. 물가가 계속 올라 걱정이라는 둥 경기가 좋지 않아 사업하기 힘들겠다는 둥 먹고사는 문제도 가끔 꺼냈다. '당신도 먹고살기가 힘들어 어쩔 수 없이 그런 것 아니냐. 나도 다 이해한다'는 마음을 넌지시 표현한 것이다. 그러자 유 씨의 마음속 빗장이 서서히 풀리는 소리가 들렸다. 기자도 나와 별반 다를 게 없는 사람임을 느낀 것이다. 그 후로 유리해 씨는 묻지 않아도 자신과 사건에 대해 술술 이야기했다. 친한 지인과 일상적인 대화를 나누듯이 말이다.

사람들이 세상을 보는 눈은 객관적인 것 같아도 실제로는 그렇지 않은 경우가 많다. 자신의 위치를 객관적인 위치보다 좀 더 높게 생각하고 행동하는 것이 일반적이다. 이것은 당연한 현상이고, 자존감을 높여준다는 측면에서 보면 바람직한 현상이기도 하다. 대화를 할 때 이를 잘 이용하면 많은 도움이 된다. 앞선 예시에 등장하는 기자의 경우만 해도 그렇다. '회장님'이라는 호칭 하나로 상대방으로 하여금 '나 아직 괜찮은 존재다'라는 생각이 들게 만든 것이다.

또한 대부분의 사람은 자신의 잘못에 대해 이야기하기를 불편해한다. 초등학생들도 잘못에 대해 질책받으면 본능적으로 마음의 문을 꼭꼭 잠근다. 아이들도 그러한데 세상의 온갖 풍파를 다 겪고 온 국민의 관심사로 떠오른 인물이야 오죽할까. 유리해 씨는 기자를 만나면 자신의 잘못에 대한 질문들만 잔뜩 받게 될 것이라 예상했을 것이다. 그런데 기자는 다른 이야기들만 늘어놨고, 어떤 대목에서는 제법 마음이 움직이기도 했다. 이야기를 듣다 보니 '그래, 공부 좀 잘해서 기자가 됐다고 별거 있겠어? 먹고사는 문제야 다 똑같은 거지' 하는 생각이 들었을 수도 있다.

여기서 잠깐 생각해보자. 그 인터뷰 자리가 유리해 씨에게만 부담스러웠을까? 어쩌면 기자가 더 큰 부담을 느꼈을지도 모른다. 간신히 마련한 인터뷰에서 상대방의 변명만 듣고 아무런 소득을 얻지 못할 경우 부장이나 국장으로부터 질책의 말들을 들을 게 분명했다. 이런 부담을 이겨내고 기자가 선택한 무기는 바로 상대를 편안하게 해주고 기분 좋게 만들어주는 말이었다. 소소하고 공감되는 이야기로 상대에게 안도감을 줌으로써 인터뷰를 성공적으로 마칠 수 있었던 것이다.

　사회생활은 학교나 가정에서의 생활과는 확연히 다르다. 사회에서는 한번 입 밖으로 나온 말을 수습하기가 무척이나 어렵다. 친구 사이에서야 작은 말실수 정도는 진심을 담은 사과로 수습할 수 있다. 하지만 사회생활에서의 말실수는 어떤 식으로든 내게로 돌아와 상처를 남기고, 그렇게 남은 상처는 쉽게 아물지도 않는다. 때로는 생각지도 못한 순간에 그 기억이 강제로 소환되어 상처가 덧나기도 한다. '상대가 부하직원이라 편한 마음에 그렇게 말했다'라는 식의 변명은 더 이상 통하지 않는 시대다. 상사든 동료든 부하직원이든 협력사든 상대에 상관없이 말은 항상 조심해야 한다. 상황에 맞는 말을 고르는 연습을 미리 해두면 갑작스러운 상황에 적절히 대처하기가 조금 수월해질 것이다.

　말은 그 사람의 인격이다. 똑같은 말이라도 말하는 상황, 말하는 이의 표정, 사용하는 단어 등에 따라 그 말을 듣는 사람이 느끼는 의미가 크게 달라진다. 오죽하면 '말 한 마디로 천 냥 빚을 갚는다'고 했을까.

친구 사이에서야

작은 말실수 정도는 진심을 담은 사과로

수습할 수 있다. 하지만 사회생활에서의

말실수는 어떤 식으로든 내게로 돌아와

상처를 남기고, 그렇게 남은 상처는

쉽게 아물지도 않는다.

칭찬은 습관이다

고시 공부를 하던 시절, 나는 학교에서 고시 준비생을 위해 마련해준 공간에서 주로 공부했다. 총 72명이 이용할 수 있을 만큼 꽤 큰 공간이었다. 독서실 책상 같은 것을 72개 놓고 각자 자리를 배정받아 그 자리에 개인의 책과 물건을 보관해두고 공부하는 방식이었다. 책상은 2열로 3개씩 6개가 한 세트로 붙어 있었고, 그 사이마다 커튼을 달아 공간을 분리했다.

그렇게 분리된 12세트의 공간들은 각각 나름대로의 특징이 있었다. 어떤 곳의 고시생들은 공부를 무척 열심히 했고, 다른 곳의 고시생들은 공부보다 바둑에 열중했고, 또 다른 곳은 체력을 키우는 데 몰두했다. 그중에서도 유난히 눈에 띄는 공간이 하나 있었다. 그곳에서 공부하는 고시생들은 유독 낮잠을 많이 잤다. 마치 졸음을 일으키는 바이러스가 그 안에만 도는 것 같았다. 자세히 살펴보니 한 사람이 낮잠을 자기 시작하자 주변에 있는 사람들도 하나둘 책상 위로 엎드리기 시작하는 것 같았다. 다 같이 낮잠 시간을 갖자고 합의한 것도 아닌데, 꼭 공에 맞은 볼링핀처럼 순차적으로 쓰러졌다. 그 이유를 곰곰이 생각해본 끝에 내가 내린 결론은 '수면 바이러스'였다. 잠을 유도하는 바이러스를 가진 사람으로부터 바이러스가 퍼져 집단적으로 잠에 빠진다는 것이다. 그래서 그 무리 중 제일 먼저 잠에 빠지곤 하는 선배를 '수면 바이러스 보균자'라고 놀리기도 했다.

실제로 수면 바이러스라는 게 있는지는 모르겠다. 그런 바이러스가 있다는 이야기를 들어본 적도 없다. 하지만 한 공간 안에 있는 무리 중 한 사람이 잠들면 다른 사람들도 그 영향을 받는 것이 분명해 보였다. 아마도 '저 사람도 자는데 나도 좀 자도 괜찮겠지'라는 심리적인 요인이 작용한 결과일 것이다. 집단 내의 분위기란 이런 식으로 형성되기 마련이다.

검사들 여럿이 모여 점심을 먹을 때의 일이다. 스포츠를 주제로 이야기를 나누다가 축구에서의 승부차기 문제가 화제로 떠올랐다. '승부차기 방식이 헌법에서 보장하는 평등의 원칙에 맞게 설계되었나'가 주된 논쟁거리였다. 세상에, 승부차기와 평등이라니! '검사들이 생각보다 할 일이 없나 보다'라고 생각할 수도 있겠다. 하지만 스포츠란 그 과정부터 결과까지 공정성이 반드시 보장되어야 하는 분야다. 여하튼 현재 시행되는 승부차기 방식이 평등의 원칙에 맞게 설계되어 있다면 결과도 공정하게 나와야 한다는 데에 모두의 의견이 일치했다. 보고 있기만 해도 심장이 떨리는데 직접 공을 차야 하는 선수의 부담은 훨씬 클 것이라며 승부차기라는 룰 자체가 문제라는 의견도 있었다. 90분 또는 120분 동안 22명이 겨루었던 승부의 향방을 단 한 명의 선수에게 맡기는 것은 과도한 책임을 떠넘기는, 너무나도 비인간적인 방법이라는 것이다. 그때였다. 그 자리에 있던 이들 중 선배 축에 속하는 한 검사가 '로베르토 바조'라는 선수의 이야기를 꺼냈다. 바조는 잘생긴 얼굴에 말총머리를 한 멋쟁이여서 특히 여성 팬이 많았던 이탈리아 출신의 유명 스트라이커였다.

> "로베르토 바조 다들 알지? 세계적인 스트라이커인 만큼 페널티킥을 도맡아 차기도 했거든. 그 선수도 2006년 월드컵 결승에서 승부차기에 나섰다가 심리적 부담을 이기지 못하고 공을 허공으로 날려버렸어. 그냥 똥볼을 차버린 거지. 그 때문에 이탈리아는 우승컵을 놓치고 말았고. 그 선수는 대회가 끝나고도 한참 동안 심한 트라우마에 시달렸다고 하더라고."

그러자 한 후배가 참지 못하고 한마디 던지며 참견했다. 자신의 지식을 자랑이라도 하는 듯한 말투였다.

"2006년이 아니라 1994년이었죠."

평소 축구에 관심이 좀 있는 사람이라면 로베르토 바조 선수의 승부차기 실축이 2006년 월드컵에서 일어난 일이 아니란 것쯤은 알 것이다. 그럼에도 나는 후배 검사의 말을 듣고 순간적으로 괜한 참견을 해서 실수를 저지른 것이라 생각했다. '중요한 것도 아닌데 꼭 저렇게 지적을 해야 하나? 그냥 말없이 지나가면 그러려니 하고 말 텐데. 선배가 얼마나 민망하겠어'라는 생각이 든 것이다. 이런 상황에서 보통의 선배는 다음과 같이 말할 것이다.

"이 검사는 사람이 참 정확하구만. 사건도 그렇게 정확하게 처리해보지 그래?"
"거, 기억력 참~ 좋네. 이 검사는 모든 일을 정확히 기억하나 보군. 그런 사람이 왜 지난번 그 횡령 사건은 그렇게 처리했지?"

이런 말들이 나오겠거니 짐작하고 있을 때, 선배가 후배에게 이렇게 말했다.

"역시 이 검사는 내 말을 완벽하게 완성해주는군!"

머릿속, 아니 가슴속에서 진심 어린 탄성이 터져 나왔다. 자신의 실수를 드러내지 않으면서도 재치까지 더한 반응이었다. 게다가 후배의 체면을 살려주고 실력까지 인정해준 아주 훌륭한 처방이 아닐 수 없었다. 그런데 선배는 이런 훌륭한 처방이 갑자기 튀어나왔던 것일까? 그렇지는 않았을 것이다. 아마도 평소에 다른 사람들과 대화하는 과정에서 부단히 노력해 익힌 습관이 자연스레 발현된 것이었으리라.

'핏대'라는 별명을 가진 상사가 있었다. 그는 늘 얼굴이 상기되어 있고, 목소리의 톤도 높았다. 때로는 보고를 시작하기도 전에 핏대가 잔뜩 올라 있었다. 어찌나 화를 잘 내는지 세상 모든 일에 불만을 가진 사람처럼 보였다. 하도 핏대를 세우고 성을 내는 일이 잦다 보니 부하 직원들이 피하고 싶은 일 1순위가 그 상사에게 보고하는 일이었다. 그래서인지 가끔 허위 보고를 하기도 했다.

"이거 확인했어? 어?"

그 상사가 이렇게 물었을 때, 부하 직원이 해야 할 답은 정해져 있었다.

"네, 확인했습니다."

설령 확인을 하지 않았더라도 이어서 쏟아질 질책이 무서워 확인했다고 거짓으로 답할 수밖에 없었다. 나중에 확인해보고 사실이면 다행이고, 사실이 아니면 슬쩍 기회를 봐서 정정 보고를 하면 그만이었다. 그런데 이런 상사치고 기억력이 좋은 사람은 많지 않다. 그 자리에서만 목소리를 높일 뿐 나중에는 별로 관심 없어 하는 경우도 많다. 애초에 그다지 중요한 사안을 지적한 것이 아니라서 나중에 확인해볼 필요성 자체도 별로 없었다.

너도 나도 '핏대'에게 결재받는 것을 두려워해 직원들은 서로 보고를 미뤘다. 그러다 보니 결국 불가피한 경우에 최소한의 보고만 이뤄졌다. 또, 시키는 일 이외에 다른 일은 하려고 하지 않았다. 괜히 시키지도 않은 일을 했다가 조금의 실수라도 하면 핏대가 잔뜩 오른 상사의 울대를 계속 쳐다봐야 했기 때문이다. '핏대'는 간부 회의에 들어가서 깨지고 나오는 날이 많았다. 소극적으로 보고를 하다 보니 직원들로부터 그 사안에 대한 충분한 설명을 들을 기회가 적었고, 회의에서 관련 질문이 나오면 적절한 답은 내놓지 못했다. 새롭고 적극적인 시도가 없으니 실적이 좋아질 리도 만무했다. 당연히 핏대 상사는 후배를 칭찬하는 일도 거의 없었다.

그런가 하면 전혀 다른 유형의 상사도 있다. 어떤 보고를 하든 칭찬부터 하는 유형이다. 이런 유형의 상사는 보고 내용이 조금 부족하더라도 칭찬할 부분을 먼저 찾아낸다.

"이 부분은 아주 신선한걸."

"보고서 형식이 아주 좋아. 완결성이 있어 보여."

이런 방식으로 말문을 여는 것이다. 아무리 노력해도 칭찬할 구석을 찾을 수 없을 때는,

"고생했네. 아주 수고가 많았어!"

최소한 이런 격려의 말이라도 건넨다. 때문에 직원들은 일에 의욕이 생겨 조금 더 열심히, 조금 더 잘하려고 끊임없이 노력한다. 이런 상사가 이끄는 부서와 팟대 상사가 이끄는 부서의 업무 성과가 어떻게 다를지는 굳이 말하지 않아도 누구나 알 것이다.

모든 분위기는 전염되고 학습된다. 생리 현상인 졸음도 전염이 되는 마당에 분위기라고 전염되지 않겠는가. 한 집단 내에서 분위기는 일을 하는 데 있어 무척이나 민감한 요소이고 그만큼 강력하게 전염된다. 말로써 어떤 분위기를 형성하는 데 가장 영향력이 큰 것을 꼽자면 칭찬과 질책이다. 그리고 칭찬과 질책은 결국 습관이다. 칭찬이 습관이 된 사람은 우선 칭찬할 만한 것부터 찾는다. 부족하거나 잘못된 부분을 짚는 것은 그다음이다. 지적을 할 때도 구체적인 개선 방향을 알려주며 스스로 다시 생각해볼 수 있도록 길을

잡아준다.

반대로 질책이 습관이 된 사람은 잘못된 점을 먼저 찾아 핏대부터 세운다. 평소에 질책만 하다 보니 칭찬을 하고 싶어도 입이 잘 떨어지지 않는다. 칭찬을 해본 적이 없으니 정작 필요한 순간에 말이 나오지 않는 것이다.

어려서부터 칭찬과 격려가 몸에 밴 사람이라면 몰라도, 칭찬을 습관으로 만드는 데는 끊임없는 노력과 용기가 필요하다. 연인과의 첫 입맞춤만 어렵고 조심스러운 일이 아니다. 떨어지지 않는 입을 열어 '수고했어', '고마워', '멋진데'라는 한마디 말을 내뱉는 것은 하루아침에 되지 않는다. 귀에 달콤하게 들리는 말이라고 해서 이를 소리 내어 말하는 일도 쉬운 것은 아니다. 부드럽고 자연스럽게 말하기 위해서는 반드시 연습을 해야 한다. 연로하신 부모님께 '사랑합니다'라는 한마디를 하는 데 얼마나 많은 용기와 연습이 필요했던가를 떠올려보면 이해가 될지도 모르겠다. 당연한 말이고, 꼭 해야만 하는 말임에도 입술을 떼기가 얼마나 어려웠는지 생각해보자.

칭찬이든 질책이든 자주 하면 습관이 된다. 습관이 오래되면 그 사람에 대한 평가로 이어진다. 평가가 오래되면 그 사람의 인격이 된다. 그런데 습관은 개인적인 것일지 몰라도 칭찬이나 질책은 개인의 문제에만 머무르지 않는다. 집단적으로 전염이 된다. 부장이 차장을 칭찬하면 차장은 과장을 칭찬하고, 과장은 담당 직원을 칭

칭찬이든 질책이든

자주 하면 습관이 된다.

습관이 오래되면 그 사람에 대한

평가로 이어진다. 평가가 오래되면

그 사람의 인격이 된다.

찬한다. 반대의 경우도 마찬가지다. 칭찬이든 질책이든 그 집단의 분위기가 된다. 분위기가 오래되면 문화가 된다. 오래된 문화는 때때로 아래에서 위로도 움직인다. 칭찬을 자주 하는 상사는 부하 직원들로부터 자주 칭찬받는다. 반대로 질책을 자주 하는 상사는 부하 직원들로부터 자주 질책받는다. 다만 칭찬받는 상사와는 달리 질책받는 상사는 자신이 욕을 먹는다는 사실을 모든 직원들이 알아도 정작 본인만 모르는 경우가 생긴다는 점이 다르달까?

모든 것에 앞서 필요한 태도

사소한 것에서 승부가 갈린다

일본에 1년 동안 연수를 갔던 시절의 일이다. 우리 가족 모두 일본에 머물던 중 아내가 독일에서 온 한 엔지니어의 부인과 친해졌다. 우리나라에서 일본인이 이방인인 것처럼 일본에서는 한국인도, 독일인도 모두 이방인이다. 그래서 아내와 그 부인이 더 쉽게 친해질 수 있었던 게 아닐까 싶다. 마침 아이들 역시 비슷한 또래라, 인근의 스포츠센터나 음악 학원 같은 곳에서 그 부부와 자주 마주치곤 했다. 그 독일인 여성은 일본과 일본 사람들을 굉장히 좋아했다. 밤거리를 혼자 다녀도 될 정도로 치안이 좋고, 사람들도 아주 친절하다고 입에 침이 마르도록 칭찬하곤 했다. 가끔 독일을 그리워하긴 했지만 그들은 일본 생활에 큰 불만 없이 재미있게 지냈다. 그러던 어느 날이었다. 아내가 독일인 부인이 크게 화가 났다며 다음과 같은 이야기를 들려주었다.

독일인 부인은 마주치는 이웃 주민들과 종종 인사를 하며 지냈다. 그 이웃 중에는 30대 후반의 일본인 여성이 있었는데, 외국에서 생활한 경험도 있어 일본인 치고는 영어를 곧잘 하는 편이었다. 게다가 자녀들의 나이도 비슷해 평소 교육 문제로 많은 이야기를 나누곤 했다. 그러던 중 길에서 우연히 만난 일본인 부인이 독일인 부인에게 집에 한번 놀러오라고 했다. 독일인은 서로의 집에 방문할 만큼의 사이는 아니라고 생각했는데 초대를 받자 좀 부담스러웠다. 또 상대의 집으로 찾아가야 한다는 점에서도 꺼려졌다. 그녀가 핑계를 대면서 거절했는데도 몇 번의 초대가 되풀이되었다. 독일인 부인은 마음이 불편해졌다. 호의로 초대한 사람에게 거듭 거절의 말을 하려니 미안하고 민망했다. 그래서 어느 날 큰마음을 먹고 일본인의 집에 방문하기로 했다.

남의 집에 가는 날인 만큼 모처럼 단장하고, 선물용 쿠키도 샀다. 들뜬 마음으로 아이를 데리고 일본인의 집을 찾아가 초인종을 눌렀다. 잠시 후 일본인 부인이 나왔는데 어쩐지 그녀의 표정이 이상했다. 웃고는 있었지만 당황스러운 기색이 역력했다. 어떻게 보면 '여기에 뭐 하러 왔느냐'라며 의아해하는 것 같았다. 어찌어찌해서 집 안으로 들어간 독일인 부인은 가져온 선물을 전달하고 차를 한 잔 마셨다. 하지만 차 맛이 좋을 리가 없었다. 그저 어색한 웃음과 함께 형식적인 안부를 나눌 뿐이었다. 길거리에서 잠시 만났을 때보다 할 말이 없었고, 대화가 길게 이어지질 못했다. 그야말로 가시 방석에 앉은 기분이었다. 독일인 부인은 억지로 30여 분쯤 앉아 있

검사의 대화법

다가 무언가에 쫓기듯이 그 집을 나왔다. 그리고 며칠 후에 아내를 만나 그때의 난처함을 하소연한 것이다. 독일인 부인은 이렇게 말했다고 한다.

"일본 사람들은 순 거짓말쟁이다. 놀러 오라고 할 때는 언제고, 막상 놀러 가니까 이상한 사람으로 취급하고."

이는 아마도 그 독일인 부인이 일본인의 '혼네本音'와 '다테마에建前'를 구분하지 못해 벌어진 일일 것이다. 혼네란 진심을 뜻한다. 다테마에는 진심이 아닌 겉치레 정도로 보면 된다. 이방인으로서는 오해하기 쉬운 일본인 특유의 말 한 마디가 일본을 친절한 사람들이 사는 살기 좋은 나라에서 거짓말쟁이들의 나라로 바꿔버린 셈이다.

우리나라에도 이와 비슷한 문화가 있다. 가끔 보는 사람들끼리 기약 없는 약속을 하는 경우다.

"언제 식사나 한번 합시다."
"다음에 소주나 한잔합시다."

이런 말들을 모두 진심으로 받아들인다면 어떻게 될까? 아마도 엄청난 혼란에 빠질 것이다.

밥 약속, 술 약속을 인사처럼 건네는 우리지만, 그렇다고 해서 약속을 소홀히 여겨도 된다는 의미는 아니다. 신뢰도 높은 관계란 상대가 나의 말을 얼마나 귀 담아 듣는지, 또 상대가 나와의 약속을 얼마나 중요하게 생각하는지에 달려 있다.

한 영업직 직원이 여느 때처럼 거래처 직원을 만나러 갔다. 자주 보던 사이였는데 그동안 한 번도 식사를 같이하지 못했던 것이 생각나 점심 식사를 제안했다. 일정을 맞추다 보니 한 달 뒤로 날을 잡게 되었다. 거래처 직원은 캘린더에 영업 사원과의 점심 약속을 메모해두었다. 시간이 흘러 약속한 날이 되었다. 거래처 직원은 점심시간을 비워둔 채 영업 사원의 연락을 기다렸다. 그런데 10시가 되어도, 11시가 되어도 아무런 연락이 없었다. 참다못한 그는 영업 사원에게 전화를 걸었다. 그런데 영업 사원은 무슨 일이냐고 되물으며 자신이 지금 지방에 있어 통화가 어렵다고 말하는 것이 아닌가! 거래처 직원은 어안이 벙벙했다. 상대가 먼저 점심을 먹자고 제안해 약속을 잡은 것인데, 약속한 사실 자체를 까마득히 잊고 있다니. '이 사람, 날 무시하는 거 아냐?'라는 의심이 들 정도였다.

영업 사원에게도 사정은 있었다. 약속을 잡고 나오면서 메모를 하려는 순간, 다른 곳에서 전화가 오는 바람에 즉시 메모를 하지 못했고 그렇게 여러 날이 지나 약속한 사실을 잊어버리고 만 것이다.

하지만 그게 변명이 되진 못한다. 거래처 직원은 그런 사정을 알 리가 없다. 게다가 이런 실수는 공적인 관계가 아닌 사적인 관계에서도 크나큰 결례다. 누군가는 '중요한 목적이 있어 잡은 약속도 아니고, 살다 보면 그럴 수도 있지'라고 생각할지도 모르겠지만 그리 가벼운 문제가 아니다.

사람에 대한 평가는 크고 중요한 것에서 결정되지 않는다. 아주 사소하고 가벼운 것이 더 강력하게 작용한다. 만일 이 사례의 영업 사원이 약속을 잊지 않고 거래처 직원과 즐겁게 식사를 했다면 어땠을까? 더 나아가 식사 자리에서 스치듯이 나눈 상대의 신상에 관한 아주 사소한 이야기를 귀 기울여 들었다면 어땠을까? 예를 들어 한 달 후에 그 직원의 큰아이의 생일이 돌아온다거나, 요즘 흥미롭게 읽고 있는 책에 관한 이야기 같은 것 말이다. 그런 소소한 이야기들을 기억해두었다가 나중에 슬쩍 큰애 생일 선물로 무엇을 해주었는지, 그때 읽고 있던 책은 다 읽었는지, 그 작가의 신간이 나왔는데 알고 있는지 등의 이야기를 건넨다면 상대는 어떤 기분이 들까? 분명 거래처 직원은 영업 사원에 대해 무척 좋은 인상을 가지게 될 것이다. 이처럼 사소하고도 세심한 노력이야말로 자기 자신을 배려심 많고 품성 좋은 사람으로 만드는 비결이다.

사실 검사는 사소한 것에 주목하고 집착해야 하는 직업이다. 아무리 규모가 크고 중대한 수사일지라도 아주 작은 단서에서 시작되기 마련이다. 어떤 거창하고 그럴싸한 실마리가 초장부터 주어지진 않는다. 모든 수사는 누구도 주목하지 않는, 아무도 관심을 두지 않는 것들에 눈길을 주는 것에서 시작된다. 사소한 단서를 놓치지 않는 힘! 그것에서 수사의 성패가 결정된다고 해도 과언이 아니다.

검사만이 사소한 것에 주목하는 것은 아니다. 내가 누군가를 좋아한다고 쳐보자. 그 사람의 걸음걸이와 말투가 중요할까, 아니면 세계의 질서나 인류의 평화 같은 것이 중요할까? 비틀즈와 어깨를 나란히 하는 경지에 올랐다는 평가를 받는 그룹 방탄소년단은 노래 '작은 것들을 위한 시'를 통해 그 답을 내놓았다. 세계의 평화나 거대한 질서 같은 것은 내가 좋아하는 사람의 사소한 습관에 비하면 아무것도 아니라고. 아니, 어쩌면 처음부터 비교할 대상 자체가 되지 못한다고 말이다. 사회생활을 할 때도 똑같다. 중요한 것은 바로 지금 이 순간 마주하고 있는 상대방이다. 그 사람이 어떤 걸음걸이와 말투를 가지고 있는지, 어떤 음식을 좋아하고 어떤 영화를 즐겨 보는지, 최근에 무엇 때문에 상심했는지를 아는 것이 관계를 단단하게 만드는 열쇠다. 사소한 무언가를 기억하고 있음을 알려주는 것만으로도 그 사람에 대한 관심과 애정을 드러낼 수 있기 때문이다.

시인 황동규는 이 사소함의 중요성을 열여덟 살에 깨달았다. 그리고 그 사소함을 아끼는 마음을 담아, 자신이 짝사랑하던 연상

중요한 것은 바로 지금 이 순간

마주하고 있는 상대방이다. 그 사람이 어떤

걸음걸이와 말투를 가지고 있는지, 어떤 음식을

좋아하고 어떤 영화를 즐겨 보는지,

최근에 무엇 때문에 상심했는지를 아는 것이

관계를 단단하게 만드는 열쇠다.

의 여대생에게 품은 연정을 시로써 풀어냈다. 그 시가 바로 수십 년째 많은 사람들에게 사랑받고 있는 〈즐거운 편지〉다. 시인은 자신의 사소한 마음으로 상대의 괴로움을 달래주겠다고 다짐한다. 해가 지고 바람이 부는 일상적이고 상투적인 일에서 사랑의 힘이 나온다는 것을 일찌감치 간파한 것이다. 내가 누군가를 홀로 사랑할 때 그 상대에게는 나의 존재가 별것 아닐지도 모른다. 하지만 그 사람이 힘들고 괴로울 때가 되면 그 작던 사랑이 비로소 빛을 발한다.

사소한 것들은 결코 사소하지 않다. 사소한 것들이 추억을 만들고, 인격을 만들고, 인생을 만든다. 때로는 세상이 사소한 것이라고 치부하는 그것들이 나 자신을 만들기도 한다.

검사의 대화법

권위는 겸손에서 나온다

아는 분들을 모시고 어느 언론사 간부들과 저녁 식사를 하게 되었다. 처음에는 그저 형식적인 덕담으로 시작했지만, 술이 몇 순배 돌자 분위기가 한층 부드러워졌다. 사실 검사와 기자는 비슷한 면이 매우 많다. 그래서 비슷한 주제로 이야기를 나누기에 좋은 술친구이기도 하다.

먼저, 검사와 기자는 만나는 사람이 매우 다양하다. 일을 하다 보면 사회에서, 혹은 직장에서 가장 높은 곳에 있는 사람부터 가장 낮은 곳에 있는 사람까지 두루두루 만나게 된다. 때로는 정치인이나 고위 공무원, 대기업 총수와 마주 앉고, 때로는 어려움에 처한 이들을 만나 그들의 이야기를 듣는다. 또한 검사와 기자는 사회가 올바른 방향으로 나아가도록 애쓰고 고민해야 하는 사람들이다. 흔히 의사는 육신의 질병을 고치고, 종교인은 정신의 질병을 고친다고 말한다. 법률가는 사회의 질병을 고쳐 우리 사회가 건강하고 바람직해지도록 돕는 역할을 한다. 언론의 역할도 크게 다르지 않다.

　　그래서 검사와 기자가 만나면 대체로 비슷한 주제로 이야기가 흘러가고는 한다. 그날도 그랬다. 그 무렵 화제에 오른 사건들에 관한 이야기를 나누며 세상을 걱정했다. 어떤 사회적 현상을 논하며 서로 공감하기도 하고, 의견이 다르면 격렬하게 토론하기도 했다. 그렇게 한참이 지났다. 맥주를 많이 마셔서인지 요의가 느껴져 나는 조용히 일어나 밖으로 나섰다. 그런데 화장실로 가는 길목의 어느 구석에서 누군가가 서서 대화하고 있었다. 자세히 보니 나와 함께 온 일행 중 두 사람이었다. 한 명의 목소리에는 술기운이 가득했고, 다른 한 명은 비교적 차분한 말투였다. 조금 다투는 듯했기에 모른 척 지나쳐 화장실로 향했다. 그런데 그때 내 귀에 이상한 말이 들려왔다.

　　"내가 저 놈 하나 어떻게 못한단 말이야?"

　　그러자 옆에 있던 사람이 말렸다.

　　"아니, 그런 얘기가 아니잖아. 왜 그러는 거야."
　　"내가 기사 한 줄 쓰면 저런 놈 하나쯤은 소리 소문도 없이 날려 버릴 수도 있어!"

　　　　　　　　　　　검사의 대화법

어쩌면 잘못 들은 것일지도 모르겠지만, 당시 내 귀에는 분명히 그렇게 들렸다. 그리고 그 이야기를 듣자 갑자기 모골이 송연해졌다. 일단 못 들은 척하고 가던 길을 재촉했다. 물론, 술에 취해 생각 없이 내뱉은 말일 수도 있다. 평소 자신의 직업적 역할이 지니는 중요성을 아주 소중히 여기다 보니 화가 나서 나온 말일 수도 있다. 게다가 그의 말처럼 기사의 주인공이 된 사람들이 높은 공직에서 내려오거나 회사의 요직을 내놓는 사례들이 실제로 적지 않다. 취재에 임할 때 그 대상을 철저히 검증하는 것은 언론의 역할이자 주어진 사명이다. 그런데 그 언론사 간부는 언론의 역할과 사명을 개인의 권위로 착각한 게 아닐까 싶었다. 그런 말을 하면 다른 사람들이 그에게 존경의 눈빛을 보낼 것이라고 생각하기라도 한 걸까?

이 일은 나를, 그리고 검사라는 직업을 되돌아보는 계기가 되었다. 나나 다른 검사들도 그와 비슷한 생각과 실언을 할지도 모른다는 우려가 머릿속을 떠나지 않았기 때문이다.

검사라는 직업이 그 사람의 인격과 동일시되던 때도 있었다. 아마도 관官이 백성 위에 군림하던 모습이 그대로 남아 있었기 때문일 것이다. 어려운 시험에 합격해 높은 직위에 올랐으니 존중을 해준다는 의미도 얼마간 있었으리라. 이러한 현상이 꼭 검사에게만 해당되는 건 아니었다. 판사나 경찰, 세무사는 물론 시청이나 군청의 공무원들을 대할 때에도 그랬다.

회사에서도 이런 현상이 종종 보인다. 과장을 거쳐 차장, 부장, 상무, 전무, 사장이 되면 그에 따라 자신의 권위와 인격도 높아진다고 믿는 사람들이 여전히 많은 듯하다. 그러나 그것은 직급이나 직위를 권위나 인격과 혼동해서 일으킨 착각일 뿐이다.

직업과 직위는 인격과는 전혀 다르다. 직업은 그 사람이 하는 일을 가리키는 것이지, 그 사람의 됨됨이를 평가하는 것과는 아무 상관이 없다. 권위는 마음에서 우러난 존경이나 승복으로부터 나오는 것이지 제도나 억압에서 나오는 게 아니다. 쓸데없는 권위는 개한테나 줘버려야 한다. 아니, 어쩌면 '개님'이 나를 뭘로 보느냐며 싫어하실 수도 있으니 화장실에 가서 배설물과 함께 변기 속으로 날려버리는 것이 좋다. 그렇게 해야 진정한 존경과 권위가 따라온다.

권위가 잘못된 형식으로 나타나는 것이 바로 '갑질'이다. 예전에는 직급이나 직위의 높고 낮음에 따라 이유 없는 복종이 당연시되었다. 하지만 지금은 내가 가고자 하는 방향으로 상대를 이끌려면 분명하고도 합당한 이유가 필요한 시대다. 직급이 높다고 해서, 주주라고 해서, 결정권자라고 해서 상대를 무시하는 태도는 용납되지 않는다. 상대의 인격을 존중하고 나와 동등한 사람으로 바라보는 것은 인간관계에 있어 기본 중의 기본이다.

어떤 변호사가 의뢰받은 사건에 대한 의견서를 내기 위해 검사실을 방문했다. 그런데 검사와 수사관, 실무관 모두 제 할 일에 바빠

검사의 대화법

직업과 직위는 인격과는
전혀 다르다. 직업은 그 사람이 하는 일을
가리키는 것이지, 그 사람의 됨됨이를 평가하는
것과는 아무 상관이 없다.
권위는 마음에서 우러난 존경이나
승복으로부터 나오는 것이지
제도나 억압에서 나오는 게 아니다.

아무도 신경을 쓰지 않았다. 한참을 우두커니 서 있는데 기록을 보다가 마침 고개를 든 수사관과 눈이 마주쳤다.

"무슨 일로 오셨나요?"
"저, 사기 혐의로 고소된 나황당 씨 변호인인데요, 변론 때문에 검사님을 뵈려고 왔습니다."

그제야 검사가 기록에서 눈을 떼며 말을 건넸다.

"아, 변호사님! 의견서 가져오신 건가요? 제가 충분히 잘~ 살펴보겠습니다. 저한테 주시고 가시면 됩니다."

변호사는 검사에게 하고 싶은 말이 몇 가지 있었지만, 무언가에 쫓기듯 이야기하는 검사를 상대로 더 이상 말을 붙이기란 어려워 보였다. 검사와 수사관이 불친절했던 건 아니다. 그러나 그것을 진짜 친절이라고 할 수 있을까? 변호사가 단지 의견서만 제출할 생각이었다면 민원실을 통해 제출하는 게 편했을 것이다. 그러지 않고 일부러 시간을 내 검사실까지 들렀는데 의견서만 놓고 가라고 하다니, 변호사 입장에서는 무시당했다고 생각할 수밖에 없을 것이다.

때로는 이런 잘못된 형식이 실질을 결정하기도 한다. 나황당 씨가 수사 끝에 사기죄로 기소되었다고 쳐보자. 충분하고 정당한 수사가 이뤄졌다 해도 변호사는 이렇게 생각할 수 있다.

'어쩐지 이상했어. 내가 변론하러 갔을 때 이야기도 제대로 들어보지 않고 의견서만 놓고 가라고 하더니, 역시 검사가 뭔가 편견을 가졌던 게 틀림없어!'

변호사가 이상한 걸까? 그렇지 않다. 누구나 자신에게 불리한 사항이 생기면 자연스레 핑계거리를 찾는다. 내 탓이 아닌 다른 이유가 필요한 것이다. 만약 사례에서 검사가 변호사의 이야기를 충분히 들어줬다면 어떻게 되었을까? 의뢰인이 기소된 것이 서운하긴 하겠지만 그 공정성을 의심하지는 않았을 것이다. 말로만 보인 친절이 공정성이라는 실질을 위협하는 결과를 낳았다.

보통 법률가를 법률을 다루는 직업이라고 생각한다. 과연 그럴까? 사실 법률가는 법률이 아닌 사람을 다루는 직업이다. 다룬다는 표현이 이상하다면 상대한다고 표현해도 좋다. 법률은 단지 적용하는 것에 불과하다. 그것은 비단 법률가뿐만 아니라 모든 직업이 마찬가지다. 의사도 질병이 아닌 사람을 다룬다. 사업가도 상품이나 서비스가 아니라 사람을 다룬다. 세상 모든 일의 중심에 사람이 있다. 권위를 내려놓고 그 자리를 사람으로 채워야 한다.

버락 오바마 전 미국 대통령은 재임 중 권위와는 거리가 먼 소박한 모습으로 많은 일화를 남겼다. 그는 자신의 헤어스타일을 궁금해하는 다섯 살짜리 꼬마에게 허리를 숙여 머리를 직접 만져보게 해주었다. 집무실에서 정장 차림으로 보좌관과 함께 3인용 소파를 직접 옮기거나, 백악관 복도에서 만난 청소부와 주먹으로 하이파이브를 주고받기도 했다. 갓난아이와 눈을 맞추기 위해 집무실 바닥에 엎드리기도 하고, 비 오는 날 전용 헬기 앞에서 커다란 우산을 들고 기다리다가 헬기에서 내리는 참모들에게 우산을 받쳐주고 자신의 한쪽 어깨는 빗줄기에 내주기도 했다. 그렇다고 해서 세계에서 가장 강한 나라의 대통령인 그의 권위가 훼손되었을까? 그렇게 생각하는 사람은 아무도 없을 것이다. 오히려 그는 권위를 내려놓음으로써 다른 사람들의 마음을 끌어당겨 자신의 편으로 만들었다. 군림하는 대통령이 아닌 함께하는 대통령이 된 것이다. 우리는 오바마의 탈권위를 부러워하면서도 실천하려는 용기를 내보지는 않는다. 진정한 권위는 용기를 내 겸손을 실천하는 사람에게 주어지는 것이다. 진정한 권위는 그 사람의 힘이나 권력에 승복하는 것이 아니라 마음으로부터의 복종에서 나온다. 그리고 그 바탕에는 신뢰가 있다. 나를 낮춰 상대방을 설득시키고 스스로 승복하게 만드는 자세, 그것이 겸손이고 권위다.

다산 정약용 선생은 '스스로를 높이면 남들이 끌어내리고, 스스로를 낮추면 남들이 높인다'고 하셨다. 진정한 권위란 스스로 낮춘 자신을 남들이 올려줄 때 만들어진다. 겸손하지 않은 권위는 아무리 화려해도, 아무리 높아 보여도 모래 위에 지어진 누각에 불과하다.

부드러움이 강함을 이긴다

한 기자가 날마다 신문 첫 면과 TV 뉴스 첫머리를 장식하는 중요한 사건의 취재에 차출되었다. 그 기자에게는 파렴치한으로 알려진 한 사람을 집중적으로 취재하라는 데스크의 엄명이 떨어졌다. 기자는 무척이나 부담스러웠지만, 기자로서의 숙명이라고 생각했다. 하지만 의욕은 의욕일 뿐. 사명감을 갖고 취재 현장으로 뛰어들어 아무리 노력해도 성과를 내기란 쉽지 않았다. 무엇이든 새로운 사실을 찾아내 보고해야 할 텐데, 취재 대상을 만나기도 어려웠다. 그나마 만날 수 있을 때라고 해봐야 그가 조사를 받기 위해 수사기관에 출두하는 순간뿐이었다. 그런데 그 순간조차 난관투성이였다. 우선 상대가 인터뷰에 응하려 하지 않고 조사를 받을 건물로 힘껏 돌진하기만 했다. 말을 꺼낼 찰나의 시간도 주지 않았다. 게다가 대상자의 곁에는 항상 그의 아들이 붙어 있었다. 직접 차를 몰고 와서 대상자를 수사기관 앞에 내려주고, 조사가 끝나기를 기다렸다가 대상자를

검사의 대화법

데려가는 것이 아들의 역할이었다. 때로는 보디가드가 되어 기자들의 저지선을 뚫고 건물로 돌진하는 선봉대 역할도 했다. 아들은 30대 초반이었는데, 힘이 아주 좋아서 기자들의 견제를 뚫어내는 데 매우 적격이었다. 기자들은 속수무책이었다.

취재 대상에게 접근하려면 그 아들의 견제부터 뚫어야 한다는 사실을 깨닫기까지는 얼마 걸리지 않았다. 그 와중에도 데스크의 엄명을 받고 사명감에 불타는 기자는 자신의 역할에 충실했다. 상대가 차에서 내려 수사기관에 들어가는 동안의 짧은 시간에도 목소리를 짜내어 날카로운 질문을 대상자를 향해 쏟아냈지만 대답은 단한 마디도 들을 수 없었다.

하루는 이 기자가 아들과 같은 곳에서 대상자의 조사가 끝나기를 기다리고 있었다. 그동안 서로의 얼굴을 익힌 것은 물론, 미운 정고운 정이 다 들 정도로 자주 마주치고는 했다. 혼자 기다리기가 무료했는지 아들이 기자에게 말을 걸어왔다.

"기자님! 제가 오빠로서 한 가지만 말씀드려도 될까요?"
"네? 아, 그러세요!"

기자는 속으로는 이렇게 생각했다.

'뭐? 오빠? 누가 오빠야. 기껏해야 나보다 네다섯 살 많겠는데.

어디서 오빠 어쩌고저쩌고 운운하는 거야!'

하지만 참아야 했다. 그의 입에서 결정적인 힌트가 나올지도 모르는 일 아닌가. '드디어 내 기자 정신에 감동해서 뭐라도 알려주겠다는 건가?' 하는 일말의 기대도 있었다. 기대에 부푼 기자는 귀를 쫑긋 세우고, 그의 입에 시선을 집중했다. 그런데 이어진 아들의 말은 뜻밖이었다.

"기자님! 질문하실 때 너무 가시가 돋친 말은 하지 마세요. 그러면 대답을 더 안 하게 되더라고요."

그 말을 들은 기자는 어이가 없었다. 너무나 기가 막힌 나머지 대꾸할 말도 떠오르지 않았다. '내 말에 가시가 돋쳤다고? 지가 뭐라고 내 질문을 평가해!'라는 말이 턱밑까지 치솟았다. 취재고 뭐고 기분이 나빠 다시는 말을 섞고 싶지 않을 지경이었다.

검사들의 교육 방식을 흔히 도제식 교육이라고 표현한다. 선배 검사가 갓 검사로 임관한 후배 검사를 한 명씩 맡아 일대일로 가르친다. 그 기간 동안 후배 검사는 자신에게 배당된 모든 사건에 대해 선배 검사와 상의해야 한다. 누구를 언제, 어떻게 소환해서 어떤 내용으로 조사를 할지부터, 조사가 끝난 후 결정을 어떻게 할지까지 검사가 하는 모든 업무의 과정을 보고 배운다. 나아가 조사 대상자를 포함한 직원들과의 관계, 식사 자리를 포함한 각종 행사에서의 예절, 민원인들을 대하는 방법 등에 대한 교육도 직접적으로, 혹은 간접적으로 이루어진다. 이 교육은 짧게는 석 달부터 길게는 여섯 달 정도 이어진다.

어느 해 내 방에도 초임 검사가 배치되어 함께 근무하게 되었다. 그 검사는 목소리가 대단히 우렁찼다. 조사를 하지 않고 일상적인 대화를 나눌 때에도 목소리가 컸다. 자신감 넘치는 목소리 덕분에 자신의 의사를 또렷하게 전달할 수 있다는 것이 장점이었다. 문제는 조사를 할 때였다. 좁은 방에서 나도 조사를 하고, 후배 검사도 조사를 하는 경우가 있으면 마음이 조마조마했다. 마치 조사 대상자를 윽박지르는 것 같기도 하고, 서로 말다툼을 하는 것 같기도 했기 때문이다. 조사를 하다가 금방이라도 서로 멱살을 부여잡고 주먹다짐을 할 것만 같은 날도 있었다(실제로 싸운 적은 없다). 노심초사하던 나는 결국 후배 검사를 불러 농담을 조금 섞어 부탁했다.

"정의만 검사! 조사 대상자와 제발 다투지 좀 마라. 정 검사가 조사를 할 때마다 항상 대상자와 싸우는 것 같아서 옆에 있는 내가 다 조마조마해."

그러자 후배 검사가 이렇게 변명했다.

"쓴배님! 싸우는 거 아입니더. 제가 목쏘리가 쪼매 커서 그리 들리시는 깁니더. 글고 지는 조사받는 싸람들에게는 그 싸람들의 말을 써줘야 한다꼬 배웠심더. 그래야 '아, 검사도 똑같은 싸람이구나'라고 쌩각해가 말이 통하거든예!"

그로부터 몇 년 후 또 한 명의 초임 검사가 내 방에 배치되었다. 이번에는 여자 검사였는데, 성격도 그랬지만 말투가 유난히 조용하고 나긋나긋했다. 모르는 사람들은 '저렇게 여려서 어떻게 검사를 할까?'라고 가엽게 여길 정도였다. 조사를 할 때도 마찬가지였다. 큰소리 한 번 내지 않고 소곤거리듯이 조사를 마쳤다. 덕분에 나도 조사하기가 편했다.

영화나 드라마를 보면 강력 범죄를 저지른 사람으로부터 자백을 받기 위해 경찰관 둘이 역할을 나누어 조사하는 장면이 가끔 나온다. 한 경찰관은 범인을 상대로 윽박지르고 고함을 치는 등 상당히 과격한 행동을 한다. 다른 경찰관은 기가 눌린 범인에게 다가가 부드러운 말로 위로를 해준다. 아이가 몇 살인지, 부인은 혼자 살아갈 능력이 있는지, 사는 게 얼마나 힘든지 등등 사건과 관계없는 이야기들을 늘어놓으며 마음을 건드린다. 그러다가 범인을 향해 갑작스럽게 툭, 한마디 던진다.

"참 세상 사는 게 마음대로 되지 않아. 그치? 이번 일만 해도 그

검사의 대화법

래! 김개동 씨 어려운 사정은 잘 알지만 그렇다고 해서 잘못을 저질러서는 안 되지. 그렇지? 잘못한 게 맞지?"

소위 '굿 캅 배드 캅Good Cop Bad Cop'이라 불리는 전략이다. 우리나라 말로 하자면 당근과 채찍 혹은 회유와 협박이랄까? 수사 방식에 있어서의 햇볕정책이라고 할 수 있다. 마치 영화 〈기생충〉이 칸영화제에서 황금종려상을 수상하는 데 크게 기여한 배우 송강호 씨의 연기론 같다. 송강호 씨는 배우가 아무리 많은 연습과 캐릭터 연구를 했다고 하더라도 툭 던지듯 가볍게 연기하는 게 좋다는 철학을 가지고 연기에 임한다고 밝힌 적이 있다.

대화를 하거나 논쟁을 하거나 질문을 할 때 상대방을 아프게 하려고 일부러 날카로운 단어나 거친 문장을 선택하는 일이 종종 있다. 부부 싸움 중에도 이런 일이 가끔 벌어진다. 그래서인지 결혼식에서 주례가 주례사를 읊으면서 부부 사이에 절대로 하지 말아야 할 말을 당부하는 경우도 많다. 그런데 아픈 말을 듣게 되면 듣는 사람으로서는 움찔하고 움츠러드는 동시에 스스로 방어막을 치게 된다. 부부 싸움만 해도 남편이나 아내, 어느 한쪽의 일방적인 상처로 끝나지 않는다. 상처가 클수록 평생 아물지 않아 나중에 더 큰 가시가 되어 상대를 공격하는 무기로 쓰이기도 한다.

때로 가시 돋친 질문을 실력 있는 질문으로 착각하는 사람도 있다. 하지만 날카로운 가시를 달지 않아도 얼마든지 핵심을 찔러 답변을 끌어내는 질문을 할 수 있다. 그것을 깨닫고 실천하는 것이야말로 진정한 고수가 되는 길일 것이다.

앞서 말한 두 초임 검사의 사례로 돌아가보자. 두 명의 검사 중에서 누가 더 조사를 잘했을까? 정답은 그동안 보았던 영화나 드라마를 되새겨보면 알 수 있다. 영화 속 범인은 굿 캅에게 자백했을까, 아니면 배드 캅에게 자백했을까? 잘 생각해보면 명확한 답이 보인다.

날카로운 가시를 달지 않아도
얼마든지 핵심을 찔러 답변을
끌어내는 질문을 할 수 있다.
그것을 깨닫고 실천하는 것이야말로
진정한 고수가 되는 길일 것이다.

존경받는 선배가 되려면

어느 회사든 마찬가지겠지만 검찰청도 인사 철만 되면 바빠진다. 통상 같은 청에서 근무한 지 2년이 되면 다른 곳으로 발령을 받는데, 1년 6개월이 지날 무렵부터 마음이 뒤숭숭해지기 시작한다. 떠나기 아쉬워 하루하루가 아깝게 느껴지는 청이 있는가 하면, 하루라도 빨리 떠나기를 바라게 되는 청도 있다.

새롭게 발령받아 청을 떠나는 검사는 미제 사건을 최소한으로 남기기 위해 야근을 밥 먹듯이 하게 된다. 만일 사건을 남겨두고 임지를 옮기면 그 사건을 처음부터 다시 검토해야 할 후임 검사의 부담과 고충을 잘 알고 있기 때문이다. 부임한 지 1년이 안 되어 청에 남게 되는 검사도 분주하기는 매한가지다. 청 내의 인사에 따라 다음에 맡게 될 분야가 달라지기 때문이다. 공판부에서 재판을 담당하다가 형사부로 옮겨 수사를 하기도 하고, 형사부 내에서 전담이 바뀌기도 한다. 환경이나 건축 분야를 담당하다가 강력 분야로 담

검사의 대화법

당을 옮기는 것처럼.

이처럼 검사에게는 전담하는 업무가 있는데, 아주 작은 규모의 청을 제외하고는 최소 두 명 이상이 유사한 업무를 담당한다. 예를 들면, 강력Ⅰ·강력Ⅱ, 환경Ⅰ·환경Ⅱ와 같은 방식이다. 두 명 중 선임 검사가 Ⅰ이 되어 사건을 주도적으로 처리한다. Ⅱ를 맡은 후임 검사는 선임 검사로부터 사건 처리의 노하우를 배우는 동시에 각종 잡다한 업무를 담당한다. 특히 초임 검사처럼 경력이 적은 경우에는 선임이 누구냐에 따라 크게 영향을 받는다. 모든 일을 주도적으로, 적극적으로 처리하는 선임 검사가 있는 반면, 사람에 따라서는 그렇지 않은 경우도 있기 때문이다.

지방의 어느 청에서 함께 근무했던 한 선배 검사의 이야기다. 그 선배는 착하고 성격도 원만한 편이었다. 후배들에게 밥이나 술을 사는 것에도 인색하지 않았다. 그런데 일에 있어서는 좀 달랐다. 하기 쉬운 일은 자신이 하고, 하기 어려운 일은 후배에게 미루는 경향이 있었다. 선배는 과외의 일이 생기는 족족 후배인 나에게 건넸다. 당시 경력이 일천해 일에 서툴고 요령도 없었던 나는 그 때문에 스트레스가 계속 쌓여갔다. 혹시 나만 그렇게 느끼는 것은 아닌지, 내가 지나치게 예민한 건지 고민되기도 했다. 그런데 나만 그렇게 생각하는 건 아닌 듯했다.

한번은 다른 검사와 식사를 하다가 그 선배에 대한 불만 섞인

이야기를 듣게 되었다. 사건의 전말은 이랬다. 어느 날 선배가 그 검사를 불러 보고서를 써오라고 시켰다. 일을 받은 후배는 '이건 내가 할 일이 아닌 것 같은데 왜 나한테 하라고 하지? 부장님이 내게 시키신 일을 선배가 전달해준 건가?' 하며 고개를 갸우뚱했다. 어쨌든 선배가 시킨 일이니 안 한다고 할 수도 없어 열심히 보고서를 작성했다. 그리고 표지의 작성자 칸에 자신의 이름을 적어서 선배에게 들고 갔다. 선배는 보고서를 훑어보더니 수고했다는 말과 함께 보고서를 두고 그만 가보라고 했다. 후배는 선배가 부장께 보고할 모양이라고 생각했다. 그로부터 며칠 뒤 후배 검사는 부장실에 들어갔다가 깜짝 놀랐다. 부장의 책상 위에 자신이 작성한 보고서와 똑같이 생긴 보고서가 올려져 있었던 것이다. 제목과 내용 모두 자신이 쓴 내용 그대로였다. 달라진 것은 딱 하나, 바로 보고서의 작성자 이름이었다. 자신의 이름 대신 선배의 이름이 적혀 있는 것을 보고 후배는 두 눈을 의심했다. 그제야 선배가 하기 싫은 일을 자신에게 떠넘겼다는 사실을 알아챘다. 일은 후배에게 맡기고 표지만 갈아 끼워 자신이 작성한 것인 양 보고서를 올린 것이다.

당시 나는 선배의 행동이 부당하다고 남몰래 분통을 터뜨리기만 했다. 그런데 지금 생각해보면 그 선배는 어떻게 하면 후배들에게 사랑과 존경을 받을 수 있는지를 몸소 가르쳐준 것이나 다름없다. 당시 나는 그 선배를 보며 '내가 선배가 되면 절대로 후배들에게 일을 미루지는 말아야지'라고 다짐했기 때문이다. 어찌 됐건 그

검사의 대화법

선배 덕분에 값진 교훈을 하나 얻은 셈이니 미움 대신 감사의 마음을 가질 일이다.

그런가 하면 이런 일도 있었다. 지방검찰청에서 부장으로 근무하던 시절의 일이다. 오전 일찍 검사장과 차장을 모시고 회의를 하던 중에 갑자기 창밖에서 요란한 사이렌 소리가 들리기 시작했다. 무슨 구호를 외치는 소리도 함께 들렸다. 회의를 잠시 멈추고 밖을 내다보았다. 50~60여 명의 사람들이 모여 누군가를 구속하라고 연신 구호를 외치는 모습이 보였다. 검찰청에 근무하다 보면 이런 상황을 드물지 않게 겪는다. 사건과 관계된 사람들이 청사 정문 앞에서 집회를 열고 구호를 외치는 일이 종종 벌어지곤 하기 때문이다. 그런데 이번에는 좀 달랐다. 사건관계인들이 정문을 통과해 청사 현관 바로 앞까지 들어와 있었다. 어떻게 보면 청사의 보안에 구멍이 뚫린 것이니 문제가 심각했다. 일단 무슨 일인 건지 자세히 알아보았다.

어떤 건설 회사의 사장이 지역 언론사 기자들 앞에서 사과문을 발표했다. 그는 검찰 수사를 받던 중이었고, 하필 검찰청 현관 앞을 사과문 발표 장소로 정했다. 2~3분에 걸쳐 사과문을 읽고 간단한 질의응답을 마친 뒤 차를 타고 청사를 빠져나가려 했는데, 이 소식을 전해 들은 사건관계인들이 청사 앞까지 몰려든 것이다. 그들은 그 사장이 운영하는 건설 회사가 수도권에 짓는 아파트를 분양

받은 사람들이었다. 그런데 분양 과정에서 분쟁이 발생했고, 이를 해결하기 위해 사장에게 여러 번 면담을 요구했다. 하지만 사장은 직원들에게 대응을 떠넘기고 주민들을 만나주지 않았다. 그러자 주민들이 사장을 고소했다. 주민들의 고소 사건은 아파트가 지어지고 있는 수도권 지역을 관할하는 검찰청에서 수사하고 있었다. 그런데 화가 난 주민들이 건설 회사의 본사가 있는 지역의 지방검찰청 앞에서 집회를 하기 위해 내려왔다. 그러던 중 우연히 건설 회사 사장이 기자회견을 한다는 소식을 듣고 청사 앞으로 몰려든 것이다. 사과문을 발표하고 떠나려던 사장의 차를 주민들이 둘러쌌다. 결국 사장은 차 안에 갇혀 오도 가도 못하는 신세가 되었다. 검찰청 현관 앞은 주민들, 건설 회사 관계자들, 거기에 취재를 하러 온 기자들까지 뒤섞여 아수라장이 되어버렸다.

이 사태를 어떻게 해야 할지 고민하다 청사 관리를 맡고 있는 과장을 통해 주민들을 설득해보려 여러 차례 시도했다. 하지만 주민들은 강경했다. 그동안 사장이 주민들과의 만남 자체를 거절해왔으니 이렇게 마주친 김에 얼굴을 보고 해결하지 않으면 주민들로서는 언제 다시 사장을 만날 기회가 올지 모른다는 것이었다. 건설 회사 측에도 연락을 해봤지만 차에서 내렸을 때 무슨 일이 벌어질지 모르니 섣불리 사장이 면담에 나설 수 없다는 입장이었다. 한 시간이 넘도록 설득해봤지만 양측 모두 요지부동이었다. 시간이 길어지자 울며 몸부림치다 쓰러지는 주민까지 생겨났다. 결국 경찰력을

검사의 대화법

동원해 주민들을 해산할 수밖에 없는 상황에 이르렀다.

　　주민들을 강제로 해산시키기를 계속 망설이던 검사장도 어쩔 수 없다고 판단했던 것 같다. 검사장은 결국 전화기를 들어 근처의 경찰서에 해산 요청을 하라고 담당 과장에게 지시하려 했다. 그 순간, 나도 모르게 입에서 이런 말이 튀어나왔다.

　　"안 됩니다. 검사장님!"

　　검사장이 의아한 표정으로 나를 쳐다보더니 수화기를 내려놓았다. 내 말을 더 들어보겠다는 의미였다.

　　"저 주민들은 약자입니다. 평생 모은 돈으로 수도권에 아파트 한 채 마련하려는데, 이런 문제가 생겼으니 법률적 판단을 떠나 얼마나 억울하겠습니까? 전 재산을 날린 것이나 다름없는 이들을 강제로 해산시키는 것은 바람직하지 않은 듯싶습니다. 조금만 더 설득해보는 게 어떻겠습니까?"

　　다행히도 검사장은 내 말에 공감해주었고, 주민들을 더 설득해보기로 하셨다.

　　후배들에게 사랑받는 선배가 되는 방법은 여러 가지가 있을 것이다. 밥이나 술을 잘 사줄 수도 있고, 유용한 노하우를 친절히 알려줄 수도 있다. 하지만 직장 선배나 상사에게 가지는 사랑과 존경의 기본 조건은 '제대로 일하기'다. 직장은 일하는 곳이고, 그곳에 모인 사람들은 함께 일하기 위해 그곳에 있는 것이다. 일을 하지 않는 직원에게 월급을 주는 직장이 어디에 있겠는가. 그런 집단에서 자신에게 주어진 일을 수행하지 않고 후배에게 떠넘기는 선배가 있다면, 그 회사나 부서의 분위기는 어떨까? 알게 모르게 뒤숭숭하고 불만 가득한 분위기가 형성될 것이다. 그런 분위기에서 좋은 실적을 기대할 수는 없다. '좋은 선배'의 첫 번째 덕목은 업무에서의 솔선수범이다.

이것은 단지 선후배 관계에만 해당되는 것이 아니다. 같이 일하는 동료와의 관계도 마찬가지다. 검찰청은 검사와 수사관, 실무관, 행정관 등 여러 직역의 직원들로 구성되어 있다. 임용이나 승진의 경로도 다르고, 직급의 체계도 다르다. 입사와 승진 시스템이 어느 정도 일원화된 일반 회사들과는 차이가 있다. 여러 직역 중 검사에 대한 대우나 예우가 가장 좋은 것은 사실이다. 그만큼 일에 있어 가장 큰 책임을 지는 것도 검사다. 입사 순서로는 수사관이 선배일 때도 있지만, 법률상 수사관은 수사의 보조자이지 주재자는 아니다. 그래서 한 검사실에서 이루어지는 모든 결정과 그에 따른 책임은 그 방의 검사가 져야 할 몫이다. 그럼에도 같은 방에서 일하는 수사관들에게 너무 큰 기대를 가지거나 과한 요구를 하는 검사들이 간

검사의 대화법

후배들에게 사랑받는 선배가 되는
방법은 여러 가지가 있을 것이다.
밥이나 술을 잘 사줄 수도 있고, 유용한 노하우를
친절히 알려줄 수도 있다. 하지만 직장 선배나
상사에게 가지는 사랑과 존경의
기본 조건은 '제대로 일하기'다.

혹 있다. 그때마다 나는 이런 이야기를 해준다.

> "자네 검사실에서 월급을 제일 많이 받는 사람이 누구야? 바로
> 자네 아냐. 자네에게 월급을 많이 주는 건 검사이기 때문이지.
> 그러니까 검사실에서 가장 많이, 가장 열심히 일해야 하는 사
> 람도 검사 아니겠어? 자신이 월급을 가장 많이 받는 걸 뻔히
> 알면서 본인보다, 혹은 본인만큼 수사관들이 일해주길 바라는
> 건 욕심이야."

'좋은 선배'가 갖춰야 할 또 다른 주요 덕목은 바로 '열린 귀'
다. 내가 그 주민들을 강제로 해산시켜서는 안 된다고 말할 수 있
었던 것은 그 검사장이 열린 귀를 가진 분이라는 걸 잘 알고 있었
기 때문이다. 들어주지 않을 것을 뻔히 알면서 이야기를 했다가 공
연히 미움을 살 필요는 없지 않은가. 당시 검사장은 후배 검사는 물
론 다른 직원들에게도 귀를 열고 겸손한 태도로 대해주셨다. 아무
리 옳은 말을 해도 듣는 선배가 귀 기울이지 않고 요지부동이라면
후배들은 입을 닫는다. 이따금 검사장이 동료들과 갖는 술자리에서
기분이 좋아지면 늘 외치는 건배 구호가 있었다. 바로 '겸배청!'이
라는 구호였는데, 겸손과 배려, 경청의 앞 글자만 따서 만든 것이었
다. 검사장께서는 평소 후배와 직원들이 겸손과 배려, 경청의 자세
로 일하기를 바랐고, 스스로도 엄격히 지키려 노력했다. 귀를 열어

후배들의 이야기를 잘 듣고, 옳은 말은 마음을 열어 받아들이는 것.
이 역시 후배로부터 존경받는 선배가 되는 지름길 중 하나다.

사람에게도 향기가 있다

대부분의 검사는 전담하는 분야가 정해져 있다. 그중 선거나 노동 관련 사건을 주로 처리하는 공공형사부나 공직 비리나 대기업 비리 등 사회의 고질적인 부패를 수사하는 특별수사부 등은 대중들에게도 많이 알려진 편이다. 그 밖에 환경, 교통, 조세와 같은 분야를 맡는 검사, 기소한 사건에 대해 유죄를 선고받기 위해 활동하는 공판 검사 등 각각의 업무를 나눠 처리한다. 전문적이고 일관되게 사건을 처리하기 위해 전담 분야를 두는 것이다.

초임 검사 시절 강력 사건을 전담하게 되었다. 강력 사건이란 통상적으로 강도나 중상해 같은 범죄를 일컫는다. 가장 중요한 강력 사건은 역시 살인 사건이다. 살인 사건은 사람이 다른 사람의 생명을 빼앗은 아주 중대한 사건이다 보니 담당 검사는 더욱 신경을 곤두세우고 수사에 임한다. 필요한 경우 검사가 직접 사건 현장에 나가 살펴보기도 한다. 그렇다고 해서 검사가 범인을 잡으려 발로

뛴다는 뜻은 아니다. 경찰에서 범인을 잡아 사건을 송치하면 검사가 추가 조사를 통해 사건을 보다 단단하고 명확하게 규명한 다음 기소를 한다. 그런데 그 과정에서 검사가 현장을 세세하게 파악하지 않으면 범인의 말이나 조사 기록에만 의존하게 되어 놓치는 부분이 생길 수 있다. 살인 사건을 맡은 검사는 현장에만 나가는 것이 아니다. 사체가 안치된 병원 영안실을 방문해 사체의 상태도 확인한다. 상처의 모양이나 부위를 통해 범행 도구나 상황 등을 유추할 수 있기 때문에 무척 중요한 과정이다. 살인 사건이라고 해서 검사가 무조건 현장에 나가지는 않는다. 사건과 관련해 불확실한 것이 있을 때 직접 현장을 살핀다. 그런 뒤에도 사인이나 사체의 상태 등에 의문이 있으면 부검을 하도록 지휘하고, 필요시 부검에도 참여한다. 부검을 하는 의사들의 설명을 듣고 사인이 무엇인지 구체적으로 확인해본다.

　이러한 일련의 과정을 거치다 보면 생명의 숭고함과 인생의 덧없음을 동시에 느끼게 된다. 억울한 죽음의 진실을 파헤치기 위해 밤낮없이 고생하는 경찰관들과 부검의들의 노력에도 새삼 고마움을 갖는다. 아울러 변사자를 위해 마음속으로 기도한다. '만일 내가 미처 찾아내지 못한 억울함이 있다면 내 꿈에라도 꼭 나타나 알려주세요'라고.

　다른 사람의 시신을 보게 되면 그 모습이 무척 충격적이고 기억에도 오래 남을 것 같지만 실제로는 그렇지 않다. 물론, 처음 영안실이나 부검실에 들어설 때는 굉장히 긴장된다. 하지만 모든 일이 그렇듯 횟수가 거듭될수록 점차 적응이 된다. 그런데, 시각적인 것보다 훨씬 더 기억에 선명히 남는 것이 있다. 바로 냄새다. 사람마다 특유한 체취가 있듯 시신에서도 저마다 다른 냄새가 난다. 어떤 때는 그 냄새가 한 달 가까이 후각세포에 각인되어 비슷한 냄새를 맡으면 검시를 했던 장면이 머릿속에 떠오르기도 한다. 음식 냄새나 구린내 같은 것은 금방 익숙해지고, 또 금방 잊는다. 하지만 사람의 냄새는 그보다 훨씬 오래 간다는 사실을 여러 시신들을 보면서 알게 되었다.

누구나 좋아하는 꽃의 향기부터 공장의 굴뚝이나 자동차에서 나오는 배기가스, 음식점에서 풍기는 고소한 냄새까지 각양각색의 냄새들이 늘 우리의 코끝을 간지럽힌다. 그 냄새들은 우리의 뇌 속 어느 부분에 저장되어 있다가 비슷한 냄새를 맡는 순간 기억을 일깨우고, 추억을 소환해준다. 사람의 냄새도 무척 다양하다. 땀이나 더러운 옷에서 나는 냄새도 있고, 자신을 포장하기 위해 뿌린 향수의 냄새도 있다. 특히 향수는 지나치면 역효과를 내기 십상이다. 과한 향수 냄새는 지독한 땀 냄새만큼 다른 사람에게 폐가 된다는 설문 조사 결과도 있다.

검사 생활을 하며 알게 된 흥미로운 사실 하나는 사건들도 저마다 특유의 냄새를 지닌다는 것이다. 그래서 그런지 영화나 드라마를 보면 형사나 검사가 가끔 이런 말을 한다.

"뭔가 냄새가 나는데? 그게 뭔지는 잘 모르겠는데, 아무튼 구린 내가 진동해!"

사건을 다룰 때는 뭔가 이상해 보인다거나, 뭔가 이상하게 들린다거나, 뭔가 이상한 맛이 난다는 말보다 뭔가 이상한 냄새가 난다는 말을 유독 많이 사용한다. 그만큼 냄새가 주는 인상이 강렬하다는 의미가 아닐까?

그 사건도 그랬다. 평소에 잘 아는 사람이 돈을 빌려가면서 땅을 팔아 갚겠다고 약속했는데, 약속한 기일이 되어도 돈을 갚지 않았다는 게 고소인의 주장이었다. 게다가 나중에 알고 보니 상대는 애초에 땅을 가지고 있지도 않았다는 것이었다. 사건을 처음 수사한 경찰은 혐의가 인정된다며 기소 의견으로 사건을 송치했다. 사건 기록을 보는데 어쩐지 찜찜한 기분이 들었다. 그게 뭐 때문인지는 모르겠지만 어쨌든 '냄새가 나는' 사건임이 분명했다. 그래서 그 고소인이 과거에 고소했던 사건이 더 있는지 알아보았다. 역시나 예감은 틀리지 않았다. 그는 그동안 수십 건의 고소를 남발한 상습 고소꾼이었다. 그가 고소한 대부분의 사건은 무혐의로 결론이 나 있었다. 나의 '검사적 후각'이 살아 있음을 느낀 순간이었다.

문제는 사건 관련 증거들이 모두 피고소인이 사기를 친 게 맞다고 가리키고 있다는 점이었다. 마침 같은 청의 다른 검사실에서도 그 고소인이 다른 사람을 사기죄로 고소한 사건을 수사 중이었다. 그래서 그 사건의 담당 검사와 기록을 바꿔 읽어보고 상의하기로 했다. 동료 검사가 수사 중인 사건은 경찰에서도 수사 결과 혐의가 없다는 의견으로 송치한 사건이었다. 내 생각도 다르지 않았다. 동료 검사에게 내가 맡은 사건의 수사 기록에 대한 의견을 물었다.

　　"이 사건은 기소해야 한다고 생각합니다. 증거가 기소해야 한다고 이야기하고 있는데요."

　　동료 검사는 이렇게 답했다. 하지만 나는 여전히 찜찜했다. 피고소인이 보여주었다는 토지를 인터넷으로 검색해봤다. 거리뷰도 보고 항공뷰도 보았다. 모두 고소인이 묘사한 것과 정확히 일치했다. 그럼에도 이상한 냄새는 가시질 않았다. 고소인과 피고소인을 직접 불러 대질 조사를 해보기로 했다. 역시 예상한 대로 고소인에게서는 이상한 냄새가 났다. 그의 몸이 아닌 마음에서 나는 냄새가 이상했다. 그런데 이상한 것은 고소인만이 아니었다. 피고소인도 무언가를 숨기려는 기색이 역력했다. 피고소인에게서 풍겨오는 냄새도 썩 좋지 않았던 것이다. 고민에 고민을 거듭하다 할 수 없이 증거가 가리키는 대로 기소했다. 하지만 기소를 하면서도 그 찜찜함을 지울 수가 없었다.

　이 사건은 어떻게 되었을까? 법원에서 도대체 어떤 판단을 내렸을지 궁금했다. 결과가 나온 것은 내가 다른 청으로 발령이 나고도 한참이 지난 후였다. 선고 결과는 무죄였다. 판결문을 구해서 읽어보았는데, 판결문을 쓴 판사도 그 이상한 찜찜함을 느꼈던 것 같았다. '유죄의 증거가 제법 많이 있지만, 유죄로 확신하기엔 부족하다'고 밝힌 것을 보면 말이다. 역시 사람의 마음은, 아니 사람의 후각은 다 똑같다는 생각이 들었다.

　사람은 나이가 들면 자신의 얼굴에 책임을 져야 한다고들 말한다. 살아온 세월이 얼굴에 나이테처럼 새겨져 다른 사람도 그걸 볼 수 있기 때문이다. 그런데 인생이 과연 얼굴에만 드러날까? 20여 년의 검사 생활을 하면서 내가 느낀 것은 어느 정도 인생을 산 사람에게서는 어떤 냄새가 난다는 것이다. 땀 냄새도 아니고 샴푸향이나 향수 냄새도 아닌, 내면에서부터 풍겨오는 냄새 말이다.

　여름철이 되면 유독 모기에 많이 물리는 사람이 있다. 모기는 주로 사람의 냄새를 맡고 찾아온다고 하니, 그런 사람은 모기를 끌어모으는 체취를 타고났는지도 모르겠다. 그런데 모기만 그런 것이 아니다. 향기가 좋은 사람의 주변에는 그 향기를 따라 사람들이 모여든다. 그 사람의 향기는 5월에 피는 장미나 라일락의 향기처럼 은은히 퍼져 누구나 맡을 수 있다. 다만, 자신에게서 나는 냄새가 향기인지 악취인지 스스로 잘 느끼지 못하는 경우가 많다. 어떤 사람에게선 향기가 나고 어떤 사람에게선 악취가 난다. 그 냄새에는 그 사람이 살아온 삶의 발자취, 인품, 사고방식이 고스란히 담겨 있다. 그리고 그 냄새는 아무리 진한 향수로도 가려지지 않는다. 꽃의 향기는 백 리를 가고, 술의 향기는 천 리를 가고, 사람의 향기는 만 리를 간다.

검사의 대화법

어떤 사람에게선 향기가 나고
어떤 사람에게선 악취가 난다. 그 냄새에는
그 사람이 살아온 삶의 발자취, 인품, 사고방식이
고스란히 담겨 있다. 그리고 그 냄새는
아무리 진한 향수로도 가려지지 않는다.

'나의 의견'을 가져라

누구에게나 처음 출근하는 날이 있다. 벌써 20여 년 전의 일이지만 내게도 당연히 첫 출근을 하던 날이 있었고, 그날의 기억은 아직도 또렷하다. 약간의 설렘과 그보다는 조금 더 큰 두려움을 안고 처음 출근하는 길, 청사 현관문을 들어서며 숨을 크게 한 번 들이마셨다. 청사의 공기가 폐 속으로 차오름과 동시에 '아, 여기가 이제부터 내가 사회생활의 첫걸음을 떼야 하는 곳이구나'라는 생각이 들었다. 그리고는 앞으로 어떻게, 어떤 자세로 근무할지 마음을 다잡았다.

먼저 안내실로 가서 내가 어느 방에 배정되었는지 확인했다. 그 방으로 가보니 수사관과 실무관이 반갑게 맞아주었다. 검사는 처음 임관되는 때부터 스스로의 이름으로 사건에 대한 결정을 내리는 1인 행정관청이다. 따라서 독립된 방을 받아 일을 도와주는 수사관, 실무관과 함께 근무한다. 모두가 초임 검사보다는 훨씬 경험이 많은 베테랑들이다. 그분들의 도움을 받아 여러 가지 우여곡절을

검사의 대화법

겪으며 사건을 수사하고, 결정을 하면서 검사실을 꾸려나가는 것이다.

검사실 식구들과 인사를 나눈 뒤 전입한 검사들끼리 모여 기관장에게 신고를 했다. 전입 검사들 중에는 초임 검사만 있는 게 아니다. 다른 청에서 근무하다 새로이 발령을 받아 오게 된 검사들이 훨씬 많다. 전입을 환영한다는 기관장의 격려 말씀을 듣고 난 다음에는 청사 전체를 돌아다니면서 선배 검사들과 직원들에게 인사를 했다. 차장과 배정된 부의 부장, 다른 부의 부장도 찾아뵈었다. 그렇게 오전이 훌쩍 지나갔다.

어느 조직이나 그렇겠지만 평검사들에게 부장은 매우 중요하고도 어려운 존재다. 가장 많이 만나야 하는, 가장 직접적으로 접촉하는 직속상사이기 때문이다. 부장이 어떻게 부를 운영하느냐에 따라 그 부의 실적과 분위기가 많이 달라진다. 게다가 초임 검사에게 부장은 스승이나 다름없는 존재다. 모르는 게 있으면 먼저 선배들에게 묻기도 하지만, 최종적으로는 부장의 지도를 받는다. 부장이 맡은 주요 임무 중 하나도 초임 검사의 지도다. 도제식으로 후배를 지도해 역량 있는 바른 검사로 키워내야 하는 것이다.

점심을 먹고 나서 비로소 부장과 제대로 첫 대면을 하게 되었다. 다행히도 부장은 매우 인자한 분이셨다. 사실 그 자리의 분위기가 어땠는지까지는 잘 기억나지 않는다. 2월의 끝자락이었으므로 기온은 아직 제법 차가웠을 테고, 부장으로부터 좋은 말씀도 많이 들었을 것이다. 흐릿한 기억 가운데 선명히 떠오르는 게 하나 있다. 바로 사건에 대해 선배나 부장에게 상의하는 자세에 관한 것이었다. 그 부장의 이야기는 대략 이랬다.

> "양 검사! 처음이라 사건 하나하나가 다 만만치 않을 거야. 확실하지 않으면 선배들에게 자주 물어보고 부장실에도 자주 찾아오도록 하게. 그런데 물어볼 때 명심해야 할 것이 하나 있네. '잘 모르겠으니 좀 알려주세요'라는 식으로 물어서는 안 돼. 반드시 양 검사의 의견을 가져오게. 사건을 처리하는 사람은 양 검사고, 다른 사람은 의견을 내는 것에 불과하다는 걸 잊지 말고."

나는 모르겠으니 답을 알려달라고 하는 것은 주임 검사로서의 책임과 의무를 다하지 않는 것이란 말씀이었다. 자기가 맡은 사건이니 당연히 자신의 의견이 있어야 한다는 것이다. 그렇지 않으면 다른 검사의 사건과 다를 게 없어진다. 의견이 없으면 자신이 무엇을 틀렸는지에 대한 자각도 없다. 무엇이 틀렸는지 알아야 고칠 수 있고, 그래야 실력이 는다. 평생 선배나 부장의 도움을 받아 사건을 처리할 수는 없는 노릇 아닌가.

실제로 초임 시절에는 사건 하나를 처리할 때마다 선배나 부장의 많은 도움이 필요했다. 간단해 보였던 사건들도 실제로는 간단하지 않은 경우가 많았다. 그때마다 기록을 들고 이 방 저 방을 뛰어다녔다. 그렇게 선배나 부장을 찾아가 사건을 설명한 다음 가장 먼저 받는 질문은 늘 똑같았다.

"그래서, 양 검사 의견은 뭔데?"

이 질문에 내가 내놓은 답이 정답이 아니라고 해서 질책받는 일은 없었다. 선배와 부장은 왜 그렇게 생각하는지를 물어봐주었고, 내가 내린 결론이 왜 잘못된 것인지를 자세히 알려주었다. 하지만 내 의견을 말하지 못하거나 잘 모르겠다고 답하는 경우에는 많은 질책과 꾸중이 뒤따랐다. 때로는 답을 알려주지 않고 다시 생각해본 뒤 내 의견을 찾아 가져오라는 숙제를 받기도 했다. 그러는 사이 나는 점점 검사가 되어갔다.

이런 일이 검찰에서만 일어나는 것은 아닐 것이다. 대기업의 인사부에서 근무하는 지인으로부터 들은 이야기다. 지인이 다니던 기업에서 신입 사원을 뽑아 연수를 시킨 후 각 계열사에 배치를 하게 되었다. 배치는 개개인의 전공과 학점, 연수원에서의 생활 태도, 본인의 희망 부서 등 그동안 쌓인 데이터를 토대로 이루어졌다. 모든 사람을 만족시키는 인사란 있을 수 없다. 인사에 만족하는 사람은 10% 정도에 불과할 것이다. 만족스럽지는 않지만 그렇다고 불만족스럽지도 않은 사람들이 20~30%이고, 나머지 60~70%에 달하는 사람들은 불만을 가질 것이다. 어쩔 수 없이 만족보다는 불만이 많은 것이 바로 인사다. 그렇다 보니 인사 담당 부서에 문의하거나 항의하며 불만을 표출하는 경우도 있다. 문제는 그 문의나 항의를 누가 하느냐다. 언제부터인가 당사자인 신입 사원이 아닌 그 사원의 어머니로부터 문의 전화가 걸려오기 시작했고, 최근 들어 그 수가 부쩍 늘었다고 한다. 심지어는 신입 사원도 아니고 경력 사원의 인사 발령에 관련해 어머니가 전화를 하는 일도 있었다. 보통 '우리 애는 그 계열사에 지원하지 않았는데 왜 그렇게 배치를 했느냐'는 내용이었다고 한다.

처음에는 '별 특이한 경우를 다 보겠네'라며 어이없어하고 말았지만, 그런 사례가 늘어나자 이것이 심각한 문제라는 생각이 들기 시작했다. 자신의 인사에 대한 문의조차 스스로 할 줄 모르는 사람이 과연 업무를 제대로 할 수 있을지 의문이 들었다. 일을 하다가 막히거나 문제가 생기면 어머니에게 대신 해결해달라고 부탁할지도 모르니 말이다.

우리나라 형법 제10조는 '심신장애인'이라는 제목으로 제1항에서 다음과 같이 규정하고 있다. '심신장애로 인하여 사물을 변별할 능력이 없거나 의사를 결정할 능력이 없는 자의 행위는 벌하지 아니한다.' 또, 제2항에서는 '심신장애로 인하여 전항의 능력이 미약한 자의 행위는 형을 감경할 수 있다'고 규정한다. 사물을 변별할 능력이란 무엇이 옳고 무엇이 그른지 판단할 수 있는 능력을 말한다. 의사를 결정할 능력이란 옳고 그름을 판단한 후 자신의 의사에 따라 행동할 수 있는 능력을 가리킨다. 이런 능력이 아예 없는 사람은 처벌 자체를 하지 않고, 모자란 사람은 낮은 형을 선고할 수 있다는 것이다. 이는 머리가 좋다거나 기억력이 좋다거나 이해력이 좋다는 것과는 전혀 다른 문제다. 아무리 지식이 많아도 어떤 사실이 지니는 의미가 무엇인지, 그에 대해 어떻게 대처하고 행동해야 하는지 모른다면 무능력자와 같다고 보는 것이다. 이런 사람에게 자신의 행동을 책임지라고 할 수 없다는 게 형법 제10조에 담긴 뜻이다.

초임 검사 시절, 선배나 부장은 왜 꼭 나의 의견을 물어봤을까? 그걸 통해 나에게 무엇을 가르쳐주려고 했던 걸까? 첫째는 사건을 파악하는 능력이다. 아무리 단순한 사건일지라도 그 기록이 50~60여 쪽에 이르고, 수천 내지 수만 쪽에 이르는 경우도 있다. 그 안에는 본질에 접근할 수 있는 내용도 들어 있지만, 그렇지 않고 일방적인 주장에 불과한 것들도 많다. 또 법률 전문가가 아닌 일반인으로서는 법률적으로 의미 있는 주장이 무엇인지 모르는 경우도 많다. 그렇다 보니 본질과 관련이 없는 내용들을 잔뜩 모아서 제출하기도 한다. 이런 기록을 세밀하게 읽어보며 무엇이 의미 있는 주장이고, 무엇이 증거로서의 가치가 있는 자료인지 파악하는 능력을 길러주려 한 것이다.

둘째는 파악한 기록을 토대로 어떤 법을 적용해 어떤 처분을 할지 결정하는 능력이다. 검사는 사실을 확정하고 이를 뒷받침하는 증거가 있는지 살핀 다음 그것이 법률적으로 어떤 의미를 갖는지 결정한다. 그것이 죄가 되는지 아니면 되지 않는지, 죄가 된다면 어떤 죄에 해당하고 얼마만큼의 벌을 가하는 것이 적절한지 스스로 답을 찾아야 한다.

마지막으로 이런 과정을 통해 자신이 하는 결정의 무거움과 그 결정에 걸맞은 책임이 무엇인지 깨닫게 된다. 결정을 하지 않는다는 것은 책임을 지지 않겠다는 의사를 표시한 것과 같다. 자신의 결정이 어떤 결과로 나타날지 알 수 없으므로 결정에 따르는 책임이 두려운 것이다.

당시 부장과 선배들은 검사로서 무능력자가 되지 않기 위해 갖춰야 할 최소한의 요건이 무엇인지 내게 알려주고자 한 것이다. 자신의 인사 발령에 대해 어머니가 회사로 전화를 걸어 대신 문의하게 만드는 것은 스스로가 무능력하다고 인정하는 것과 다름없다. 이는 학벌이나 시험 성적과는 무관하다. 이런 사원들이 승진해서 결정권자의 위치에 오른다면 어떻게 될까?

'나의 의견'이 없다는 것은 판단을 하지 않은 것이다. 판단하지 않으면 결정하지 못한다. 당연히 결과에 대한 책임을 지지도 않는다. 그렇게 되면 그 사람이 속한 조직은, 회사는 어떻게 될 것인가?

검사의 대화법

'나의 의견'이 없다는 것은
판단을 하지 않은 것이다.
판단하지 않으면 결정하지 못한다.
당연히 결과에 대한 책임을 지지도 않는다.
그렇게 되면 그 사람이 속한 조직은,
회사는 어떻게 될 것인가?

태도로 이야기하라

사람을 조사하다 보면 유난히 신뢰가 가지 않는 사람을 만나게 된다. 본인은 진실을 이야기한다는데 그 말이 도통 믿어지지 않는 것이다. 모든 범죄 사실을 인정하고 자백을 해도 믿음이 안 가고, 인정하지 않고 전부 부인해도 석연치가 않다. 죄를 지은 것으로 의심받는 사람이건 피해를 입었다고 주장하는 사람이건 마찬가지다. 심지어 사건과 아무런 이해관계가 없는 목격자나 제3자 중에도 그 말에 신뢰가 가지 않는 사람이 있다. 같은 이야기라도 어떤 사람이 하느냐에 따라 신뢰도가 달라지기도 한다. 그 이유는 무엇일까? 이 문제에 대해 내가 내린 결론은 말하는 이의 말투나 태도가 원인이라는 것이다. 그 사람이 처한 상황이나 위치, 이해관계의 유무는 그다지 중요하지 않다. 대화를 나누며 보여주는 아주 사소한 행동 하나하나가 말의 신뢰도를 결정하는 데 아주 중요한 요소로 작용한다.

검사의 대화법

사회적으로 이목을 끄는 사건을 맡았던 적이 있다. 곧 재판이 진행될 예정이었다. 조사받았던 사람 중 한 명을 증인으로 신청하려고 했는데, 그 사람이 과연 법정에서 제대로 증언할 수 있을지가 걱정스러웠다. 그 사람은 피의자도, 고소인도 아닌 그저 단순 참고인이었다. 사건과 큰 관련은 없지만 수사 과정을 투명하게 밝히기위해 그 사람의 진술이 필요했다. 그런데 그의 진술 태도가 문제였다. 법정에서 증언을 했을 때 믿음을 주기 어려워 보였던 것이다. 나만 그렇게 느끼는가 싶어 다른 검사에게 우리 방으로 와서 그 사람의 진술하는 태도를 봐달라고 도움을 청했다. 나를 대신해 그 검사가 참고인과 10여 분 정도 면담을 나눴다. 면담 후 그 검사는 나와같은 의견을 내놓았다. 특별히 거짓말을 하는 것도 아니고, 거짓말을 해야 할 이유가 전혀 없음에도 진술에서 신뢰를 얻기 어렵다는것이었다. 그 참고인의 말하는 태도가 상대에게 신뢰를 주지 못했다. 왜 그랬던 걸까?

첫 번째 문제는 말투였다. 그는 말을 분명하게 마무리 짓지 않고 말끝을 흐리는 버릇이 있었다. 뒤로 갈수록 잘 들리지가 않는 것이다.

"저 사람이 그날 내가 본 사람이 맞습니다."

말을 시작할 때는 그래도 비교적 명확히 들리는데, 점점 목소리가 작아지더니 나중에는 무슨 말을 하는지 알아들을 수가 없었다. 특별히 말하기 어려운 진술을 해달라고 한 것도 아니었다. 그저 본 것을 확인해주는 수준이었다. 말끝을 맺지 못하는 게 습관이었던 것이다. 말은 종결어미로 끝나야 완결성을 가진다. 그래야 듣는 입장에서도 말의 의미를 확실하게 이해할 수 있다. 게다가 그 참고인은 목소리도 매우 작아 몇 번씩 거듭 확인을 해야만 무슨 말을 하는지 알 수 있었다. 일단 무슨 말인지 알아들어야 그 말의 논리성을 따질 텐데 말 자체를 알아듣기 힘드니 논리성을 검증하는 단계로 넘어갈 수가 없었다.

그 자신도 이를 알고 있는 것 같았다. 자신감이 없다는 것이 표정에서 역력히 드러났다. 상대방과 눈을 마주치지 못하는 것은 기본이었다. 시선이 허공을 맴돌다가 자신의 손끝에 머물기도 하고, 저 멀리 어딘가로 향하기도 했다. 수시로 주변을 두리번거리며 보이지 않는 무언가를 살폈다. 그렇게 불안하고 위축된 태도를 보이니 대화를 나누는 상대에게 신뢰를 줄 수가 없었다.

답변을 하는 방식도 문제였다. 구체적인 사실관계를 묻는 질문에 계속 불확실하게 답했다. 때로는 자신이 아닌 남의 의견을 대신 말해주는 것처럼 들리기도 했다.

"소심해 씨! 저 사람이 그날 소심해 씨가 본 사람이 맞습니까?"
"그럴 수도 있을 것 같습니다."

검사의 대화법

"제가 봤을 가능성도 있는 듯한데요."

　도대체 봤다는 건지 보지 못했다는 건지 알 수가 없었다. 그런 식의 답변은 '나는 이 문제에 관여하고 싶지 않다' 혹은 '나는 책임지고 싶지 않다'라는 뜻으로 해석되기 십상이다. 그래서 나는 되도록 분명하고 적극적으로 답변해달라고 신신당부했다. 하지만 몇 십 년을 그렇게 살아온 사람이 하루아침에 습관을 바꿀 수 있을 거라 기대하긴 어려웠다. 나는 법정에서 판사나 상대측 변호사가 질문하면 '그렇습니다' 또는 '아닙니다'라고 명확하게 말하는 것이 가장 좋다고 조언했다. 그만큼의 확신이 없는 답을 해야 된다면 '제 기억에는 저 사람이 맞는 것 같습니다', '저 사람이 맞는 것 같지만, 지금 보니 조금 헷갈리기도 합니다'와 같이 본인의 의견을 분명하게 밝혀야 한다고도 이야기했지만 소용없는 일이었다.

　어떤 노력을 해도 그 참고인에게서 확신에 찬 태도를 끌어내는 것은 하늘에서 별을 따는 것만큼 어려운 일인 듯했다. 확신 있는 모습까지는 아니더라도, 진솔하고 책임감 있는 태도만이라도 보여주었다면 얼마나 좋았을까.

　그 참고인은 자신의 이해관계가 얽힌 문제에 대해서는 지나치게 집착했다. 혹시나 자신에게 피해가 돌아오지 않을까 두려워했다. 그렇다 보니 질문과 동떨어진 대답을 하기 일쑤였다.

"소심해 씨! 저 사람이 그날 소심해 씨가 본 사람이 맞습니까?"

"저는 사건과 상관이 없습니다."

"근데 혹시 저한테 피해가 오지는 않는 건지요."

이런 식의 답변을 되풀이하는 것이다. 이런 답을 듣다 보면 설령 상대가 진실을 말하더라도 그 말의 진위를 의심하게 된다. 자신의 이해관계를 챙기는 데 너무 급급한 나머지 자신에게 유리하도록 사실과 다르게 이야기할 수도 있겠다는 인상을 받기 때문이다.

게다가 근거 없이 추상적으로 말하는 경우도 있었다. 신뢰는 이치에 맞는 구체적이고 상세한 근거에서 생기는 것이지, '내 말이 맞습니다'라거나 '믿어주세요'라는 추상적 주장으로 얻을 수 있는 게 아니다. 말로써 상대를 설득하고 이해시키고자 한다면 본 것은 그 모습을, 들은 것은 그 소리를 그대로 이야기해야 한다. 구체적인 설명 없이 그저 '멋있었다', '향기로웠다', '맛있었다'라고 이야기하는 것만으로는 상대의 공감을 얻을 수 없기 때문이다. 신뢰를 주고 싶다면 당시의 상황을 상세하게 말하는 것이 기본이다.

하지만 그 참고인의 답변은 안타깝게도 그러지 못했다. 구체적 사실은 생략한 채 자신의 추상적 느낌에만 집중되어 있었다.

"소심해 씨! 저 사람이 그날 소심해 씨가 본 사람이 맞습니까?"

"저 사람은 잘못이 없습니다."

"저 사람이 나쁜 사람인 것 같아요."

이렇게 자신의 평가를 말하고는 했다. 개인의 감정에 따른 평가는 저마다 다를 수밖에 없고 추상적이다. 상대방으로부터 공감을 얻을 수 있는 대화 방식이 아닌 것이다. 하지만 그 참고인은 오히려 자신의 평가에 상대가 공감하지 못하는 것을 이해하지 못하는 것처럼 보였다.

그와의 대화에서는 말투나 화법 같은 것만 문제가 되었던 것은 아니다. 대화를 나누는 동안 그가 취한 자세도 말하는 방식과 비슷했다. 그는 시종일관 어깨를 한껏 움츠린 채 고개를 몸통 쪽으로 최대한 집어넣고 있었다. 마치 누군가에게 공격을 당하는 자라처럼 자기방어적인 모습이었다. 다만 내가 그에게 불리하다고 여겨질 만한 질문을 한 순간에는 목에 스프링이라도 단 듯 그의 얼굴이 앞으로 튀어나오곤 했다. 특히나 그의 손이 산만했다. 손깍지를 끼기도 하고 손가락을 빙빙 돌리기도 하고 손을 쥐었다 폈다 하기도 하고……. 아무튼 그의 손은 끊임없이 움직였다. 긴장되고 초조해서 그럴 것이라 이해하고 싶었지만 보는 사람이 어지러울 정도였다. 본래 제스처는 말을 보다 효과적으로 전달하고 신뢰도를 높일 수 있는 좋은 수단이다. 하지만 그의 제스처는 말의 신뢰를 떨어뜨리는 방향으로 작용하고 있었다.

결국 나는 그 참고인을 증인으로 신청할 수 없었다. 그 사람이 한 말의 진위 여부와는 무관한 결정이었다. 그의 말하는 태도가 자신이 하는 말의 신뢰를 떨어뜨렸고, 그 사람이 법정에 나가 한 증언이 신뢰받지 못할 것이었기 때문에 증인으로 신청할 수 없었던 것이다.

검사 생활을 20여 년쯤 하다 보니 반쯤 관상쟁이가 된 것 같기도 하다. 검사실에 들어오는 사람을 처음 보는 순간 그 사람의 성향이나 태도를 반 정도 짐작할 수 있게 된 것을 보면 말이다. 그 짐작이 아주 엇나가 상대가 내 예상과 전혀 다른 사람인 경우는 많지 않다. 사람의 얼굴에는 이미 그 사람의 진정성과 신뢰성이 담겨 있기 때문이다. 나머지 반의 반은 그 사람의 입에서 첫마디가 나오는 순간 짐작하게 된다. 그러고 남은 반의 반은 조사를 하면서 드러나는 상대의 언어 습관이나 태도를 통해 파악할 수 있다. 사실 검사뿐만 아니라 사회생활에 제법 숙련된 사람이라면 누구나 이런 능력을 가지고 있을 것이다.

대화는 말로만 하는 것이 아니다. 말의 내용에 앞서 대화에 임하는 태도만으로 그 사람의 말을 믿을 수 있는지 없는지가 결정되기도 한다.

검사의 대화법

나는 그 참고인을 증인으로
신청할 수 없었다. 그 사람이 한 말의
진위 여부와는 무관한 결정이었다.
그의 말하는 태도가 자신이
하는 말의 신뢰를 떨어뜨렸고,
그 사람이 법정에 나가 한 증언이
신뢰받지 못할 것이었기 때문에
증인으로 신청할 수 없었던 것이다.

마음을 듣고 사람을 얻는
검사의 대화법

초판 1쇄 발행 2020년 9월 10일

지은이 양중진
펴낸이 성의현
펴낸곳 미래의창

편집주간 김성옥
책임편집 김윤하
디자인 공미향
홍보 및 마케팅 연상희·안대근·김지훈·이보경

등록 제10-1962호(2000년 5월 3일)
주소 서울시 마포구 잔다리로 62-1 미래의창빌딩(서교동 376-15, 5층)
전화 02-338-5175 **팩스** 02-338-5140
ISBN 978-89-5989-677-6 03190

※ 책값은 뒤표지에 있습니다. 잘못된 책은 구입하신 서점에서 바꿔 드립니다.

이 도서의 국립중앙도서관 출판예정도서목록(CIP)은 서지정보유통지원시스템 홈페이지(http://seoji.nl.go.kr)와
국가자료공동목록시스템(http://www.nl.go.kr/kolisnet)에서 이용하실 수 있습니다.(CIP제어번호: CIP2020033511)

미래의창은 여러분의 소중한 원고를 기다리고 있습니다. 원고 투고는 미래의창 블로그와 이메일을
이용해주세요. 책을 통해 여러분의 소중한 생각을 많은 사람들과 나누시기 바랍니다.
블로그 miraebookjoa.blog.me 이메일 mbookjoa@naver.com